케이팝 씬의 순간들

일러두기

단행본, 잡지, 신문 등은 겹낫표(『』)로, 영화, TV 프로그램 등은 홑낫표(「」)로, 앨범은 겹화살괄호(《》)로, 곡은 홑화살괄호(〈〉)로 묶었습니다.

케이팝 씬의 순간들

지나치게 매력적이고
엄청나게 소란스러운

김윤하 · 미묘 · 박준우

미래의창

케이팝 산업에 있어서, 아니 한국 음악 산업에 있어서 2022년과 2023년은 기념할 만한 해다. 잡음이 없을 수는 없지만, 그런 사소한 잡음을 뛰어넘을 정도의 성과를 크게 보였던 해이기 때문이다. 그래서 주류 언론에서는 연달아 한국 음악 산업의 양적 발전, 경제적 성과를 이야기했다. 그리고 각종 경제전문가들이 케이팝을 언급하기 시작했다. 음악 '시장'을 산업의 측면에서 분석하고 화두가 되는 것, 그 자체가 이미 어느 정도는 비로소 한국의 음악이 상업성을 언급할 수 있는 존재가 되었다는 것이기에 반가울 수밖에 없었다. 그러면서도 그런 성장이 음악적 이야기, 그리고 음악이 만들어지는 구조적 이야기, 나아가 음악이 만들어진 맥락과 케이팝 전체를 바라보는 시각과 함께 논의된다면 어떨까 하는 생각이 들었다.

코로나19 이후, 음악 산업은 많이 변했다. 한동안 위축되었던 음악 시장은 갑작스레 엔데믹을 기다렸다는 듯이 폭발적으로 움직였다. 결코 적지 않은 수의 그룹과 솔로 음악가가 데뷔했고, 이제 월드 투어는 당연하게 여겨지고 있다. 케이팝에 관한 해외의 인식도, 많은 사람이 그동안 눈으로 직접 목격하지 못했고 체감하지 못해서 반신반의했던 한국 밖에서의 시장과

유의미한 성과가 자연스럽게, 그것도 적지 않게 일어나고 있다. 빌보드의 메인 앨범 차트인 빌보드 200에 케이팝 앨범이 심심치 않게 오르고, 세계적인 스트리밍 서비스 차트에도 케이팝은 언제나 상위권에 존재한다. 하지만 그렇기에 꽤 많은 이야기들이 결과에만 초점이 맞춰져 있다. 어떤 그룹이 얼마나 상업적 성과를 거두었는지, 왜 성공했는지에 관한 분석만 이어갈 뿐 작품이 어떤 의미가 있고 어떤 음악적 특징을 확보했는지에 관한 관심을 오히려 줄어들고 있다. 그래서 케이팝은 굉장히 재미있으면서도, 한 편에서는 그런 케이팝을 비판했다. 다양성을 확보하지 못한 채 결국 먼저 성공한 팀의 형태를 반복하고자 한다고.

하지만 실상 열어보면 케이팝이 모두 그런 건 아니다. 오히려 다양성을 담보하지 못한 건 팬들보다 매체의 한계가 컸다. 주목받는 음악, 눈에 띄는 음악이 우선시되다 보니 결국 '대세'에 해당하는 이들만 드러날 수밖에 없었다. 게다가 케이팝은 그 어떤 시장보다 좋은 퀄리티의 앨범이 빨리, 많이 나온다. 한국과 해외의 음악 소비 양상은 크게 다른데, 그 덕에 오히려 해외에서는 과거의 케이팝을 여전히 사랑하는 경우도 많다.

이토록 복잡한 세상 속에서, 케이팝 음악 시장이 가진 성과를 그냥 넘어가고 싶지 않았다. 그래서 그간의 케이팝 히스토리를 바탕으로 특정 시기의 성과를 좀 더 진지하게, 음악적으로,

그리고 애정과 날카로움을 동시에 더해 분석해 보고자 했다.

알고 있다. 2024년, 케이팝은 그 어떤 때보다 많은 이에게 피로감을 줬고, 음악과 아예 무관한 이들조차 케이팝에 대한 부정적인 인식이 생겨났을 정도다. 오히려 그럴수록 이 책에 담긴 내용이 더욱 필요하다고 느꼈다. 짧은 시간, 한두 가지 현상에 관한 언급과 일차적인 전후 사정을 바라보는 시야, 짧은 분석보다 긴 호흡으로 읽어낸 케이팝의 현재를 말하고 싶었다. 여러 욕망이 교차하는 곳이 케이팝 씬이고 그 욕망 안에는 성공 신화나 시장 개혁 같은 것도 있지만, 순수한 차원에서의 꿈과 희망도 공존한다. 그만큼 케이팝은 절대 단순하지 않고, 모든 그룹이 다 같은 것도 아니며 케이팝에도 세상이 주목했으면 하는 작품과 그룹이 존재한다.

이 책이 케이팝의 모든 면을 다룰 수는 없었지만, 그럼에도 여러분에게 케이팝으로 인사이트다운 인사이트를 정리해서 제공하고 싶은 마음이 컸다. 보이그룹의 청량함부터 4세대 걸그룹, 여러 장르 활용, 2세대 그룹부터 다국적 멤버 구성을 넘어선 다국적 모델 등 여러 이야기를 담았다.

진심과 애정을 기반으로 한 만큼, 이 글을 읽는 분들도 같은 마음이었으면 한다. 무엇보다 지금의 케이팝은 여러 형태로 가장 즐기기 좋은 상황이고, 어쩌면 여기서 더 성장할 수도 있으니까.

그래서 보이그룹에게 청량이란 뭐길래

2024년, 투어스TWS와 엔시티 위시NCT WISH가 데뷔했다. 물론 다른 그룹도 여럿 데뷔했지만, 두 그룹은 확실히 큰 회사에서 선보여서 그런지 처음부터 성장세가 확실했다. 다른 공통점도 있었다. 청량한 콘셉트로 시작했다는 점이다. 물론 모든 그룹이 청량한 느낌으로 데뷔하는 것은 아니다. 다만 더윈드The Wind부터 제로베이스원ZEROBASEONE, 라이즈RIIZE 등 꽤 많은 그룹이 강한 이미지보다는 상대적으로 맑고 밝은, 에너지를 보여주는 형태로 시작했다. 이전으로 거슬러 올라가면 더욱 그렇다. 투모로우바이투게더TOMORROW X TOGETHER, 더보이즈THE BOYZ, 아스트로ASTRO, 베리베리VERIVERY, 온앤오프ONF 등 많은 그룹이 청량한 이미지로 커리어를 시작했다. 2023년에는 특히 청량함이 더욱 두드러졌다. 크래비티CRAVITY의 〈Groovy〉로 시작해 유나이트YOUNITE의 〈정했어(Love it)〉, 더윈드의 〈ISLAND〉, 미래소년MIRAE의 〈JUMP!〉 등 많은 그룹이 청량한 이미지로 승부를 걸었다.

말 그대로 청량의 시대가 도래했다.

청량의 시대가 갑자기 도래한 건 아니다. 역사적으로도, 현실적인 이유에서도 자연스러운 순서일지도 모른다. 어쩌면 H.O.T.가 〈Candy〉를 했을 때부터 청량이라는 콘셉트는 하나의 정해진 길이었다고 생각한다. 더불어 보이그룹의 데뷔 시기 나이를 생각하면 더욱 그렇다. 케이팝 그룹 멤버들의 데뷔 연령은 점차 어려지고* 당연히 풋풋함과 에너지를 지니고 있기 때문에 그것을 드러내지 않을 이유가 없다. 더불어 해당 연령대를 생각하면 아직 신체적 성장 가능성이 남아 있는 시기이며**, 지나치게 완성된 모습이나 성숙한 비주얼을 보여주기가 힘들기도 하다. 이러한 부분이 맞물리면서 자연스럽게 청량의 시대는 부흥기를 맞이했다. 그리고 그 방향성은 점차 다각화되고, 다변화되었다.

키워드를 넘어 현상으로

앞서 〈Candy〉를 이야기한 것은 단순히 웃자고 꺼낸 것이 아니다. 〈전사의 후예 (폭력시대)〉 이후 〈Candy〉를 선보인 것은, 케이팝 안에서 지금까지도 상징적인 행보라고 생각한다. 전자는 SMP SM Music Performance의 원조로 불리는, 힙합과 록 등이 결합한 형태였다면 후자는 그와 극명히 반대에 해당하는, 귀엽고 사랑스러운 모습이다. 그래서 〈Candy〉를 청량의 시초

---

* 보통은 십 대 중후반에 데뷔한다. 더윈드는 데뷔할 당시, 평균 연령이 16.8세여서 화제가 되었다.

** 실제로 데뷔 이후 크는 경우가 많다.

로 볼 수 있냐는 질문에 무조건 확고하게 그렇다고 답하긴 어렵지만, 2022년도에 엔시티 드림NCT DREAM이 다시 선보인 〈Candy〉는 편곡적인 측면에나 퍼포먼스, 비주얼 등에 있어 청량 계열에 속한다고 볼 수 있다. 이후 신화의 〈으쌰!으쌰!〉 같은 곡들이 있긴 하나, 사실 케이팝에서 '청량'이라는 계보의 원조는 샤이니SHINee다. 〈산소 같은 너〉부터 2021년에 발표한 〈Atlantis〉까지 꾸준히 청량함을 선보여 온 이들은 케이팝에 있어서 하나의 길을 제시했다고 해도 과언이 아니다.

실제로 2.5세대부터 케이팝 제작에 있어 작곡 크레딧이 변화를 모색하는 등 음악적인 측면이나 비주얼적인 측면에서, 그러니까 감각적 확장이 이루어졌다. 인피니트INFINITE의 초기 〈다시 돌아와〉, 〈She's Back〉 역시 청량함을 살린 곡이다. 이후 세븐틴SEVENTEEN, 아스트로, 엔시티 드림과 같은 3세대 남성 그룹이 청량 이미지를 다각화하고 펼쳐내며 본격적으로 케이팝 내에서 하나의 카테고리를 완성했고, 투모로우바이투게더의 초반 연작들이 청량함으로 큰 효과를 보며 (특히 커리어를 시작하는) 보이그룹에게 피하기 어려운 하나의 선택지가 되었다.

최근 들어서며 청량은 이제 단순한 하나의 키워드에서 그치지 않는다. 청량한 콘셉트가 성공을 거두고 시장 내에서 안정적인 입지 효과를 불러일으킨 것도 있지만, 그 사이 케이팝은 생각보다 많은 것이 변했다.

2세대 보이그룹이 선보인 곡들의 언어가 상대적으로 거친 편이고, 늘 애정하는 상대방과 좋지 않은 관계를 전제로 화자가 이야기하거나 과시적인 측면이 강했다면 3세대 이후로는 감수성의 측면에서든, 케이팝 음악 시장이 커지고 성공을 거두며 바라보는 눈이 많아져서든 여러 부분이 바뀌었다. 특히 가사들이 보다 섬세해졌고 사려 깊은 언어들로 변화했다. 가사의 내용이 변화한 데에는 세계관이 한 차례 휩쓸고 지나간 영향도 있고, 해외 시장에서 크게 성공을 거둔 영향도 있다. 시장의 흐름이 크게 변화하며 내용적인 측면에서도 다양성을 확보하게 되었고, 다수의 곡은 상대방을 향해 마음을 전달하는 내용에 가깝지만 그 안에서도 각자만의 톤을 가져가고자 한다. 혹은 뚜렷한 방향을 설정해 여러 작사가의 말들을 동시다발적으로 빌려 제작하기도 한다. 그 과정에서 청량이라는 방향은 최적의 선택지이기도 하다.

3.5세대가 지나면서, 케이팝은 전 세계 팬들을 대상으로 하며 그 어떤 음악보다 꿈과 희망을 함께 만드는 존재가 되었다. 물론 그것을 어떻게 해석하느냐에 따라 욕망이라 부를 수도 있고 꿈과 희망이라고 말할 수도 있기에, 욕망과 희망이 종이 한 장 차이라는 걸 알려주기도 했다.

중요한 건 청량이 최근의 케이팝에 딱 맞았다는 소리다. 청량함을 명확하게 몇 가지 문장으로 정의하기는 어렵다. 과거에는 메이저 코드를 쓰면서, 상대적으로 무거운 소리를 덜고 가벼운 톤으로 음악을 제작하고, 그것에 맞게 화사한 비주얼을 선택했다면 청량이라고 했다. 그 형태가 발전해 요즘은 좀 더 청춘물에 가까운, 좀 더 구체적인 형태를 띠게 되었다. 그러다 보니 어딘가 아련한 청량도, 에너지 넘치는 청량도 공존하게 되었다. 케이팝 특유의 강렬한 퍼포먼스가 앞서 말한 과거의 청량한 프로덕션을 만나 사랑스러움을 얻게 되기도 하고, 똑같이 청량한 프로덕션을 쓰더라도 누군가는 하우스 리듬을, 누군가는 기타 사운드를, 누군가는 드럼앤베이스Drum n Bass 리듬을 쓰며 변화를 주는 식이다. 다각화된 청량함은 더 많은 팬을 만족시키면서도 경쟁력을 도모하고 갖추게 되었다. 청량이라는 콘셉트는 그렇게 성장했다.

그 안에서도 큰 역할을 했던 선례가 있으니, 바로 방탄소년단BTS의 《화양연화》 시리즈다. 이른바 학교 3부작을 지나 발매한 연작은 서사와 서정을 동시에 가져가는가 하면, 멤버들의 생애주기와 콘셉트가 잘 맞아떨어지면 더없이 큰 성장을 보여줄 수 있다는 걸 증명했다. '위태로운 청춘의 단면'이라는 키워드로 풀어낸 연작에서 보여준 소년이라는 존재가 가진, 불완전하면서도 아름다운 모습은 청량의 새로운 지표를 열기에 충분했다. 이들은 데뷔 시기에만 가능하다고 생각했던 청량을 데뷔 이후에 꺼낼 수 있다는 것도 보여줬으며, 이 콘셉트의 또 다른 시작점을 만들었다. 이 이야기가 중요한 이유는, 후에 동생 그룹인 투모로우바이투게더가 청량 콘셉트로 시작했기 때문이다. 어쩌면 앞서 회사가 직접 만든 선례가 있었으므로, 그것을 더욱 잘 다듬어서 2019년에 〈어느날 머리에서 뿔이 자랐다 (CROWN)〉와 같은 곡을 선보일 수 있지 않았을까. 공교롭게도 이 곡 역시 '유년에서 소년으로 성장하며 겪는 일종의 성장통'을 다루고 있다. 다만 투모로우바이투게더가 《꿈의 장》 시리즈를 선보이며 청량함과 함께 하나의 선례를 다시 만드는 듯했지만, 이후 등장한 보이그룹은 다른 노선을 택했다.

가장 다른 예시가 스트레이 키즈Stray Kids와 에이티즈ATEEZ다. 두 그룹 모두 청량보다는 강한 이미지를 택했고, 그러면서 세계적인 성공을 거두었다.

2022년에 스트레이 키즈는 앨범 《ODDINARY》와 《MAXI-DENT》로 빌보드 200 차트에서 1위를 달성했으며, 2023년에는 《★★★★★(5-STAR)》와 《樂-STAR》로 1위를 차지했다. 에이티즈 또한 《THE WORLD EP.FIN : WILL》로 빌보드 200 차트에서 1위를 기록했다. 빌보드 200는 빌보드 차트 내에서도 앨범 단위로 집계하는 메인 차트로서, 여전히 큰 상징성을 지니고 있다. 이는 북미 시장 안에서 예전에는 불가능하다고 생각했던 지표들을 현실로 만든, 엄청나게 대단한 성과다. 그러나 이러한 사례가 있음에도, 청량은 오히려 여러 그룹을 통해 공개되었고 시장 내에서 하나의 흐름으로 자리 잡았다. 특히 2022년부터 데뷔한 보이그룹의 이미지들이 더욱 그러했다. 청량이라는 키워드가 데뷔하는 이들의 매력을 보여주기에 나쁘지 않겠다는 판단이 기획사들에게 있어서일 것이다.

유나이트는 2022년도에 〈EVERTBODY (Feat. DJ Juice)〉라는 펑키한 힙합곡을 선보였다. 이들은 곡에 랩 비중을 높이면서도 통통 튀는 매력을 담아내고자 했다. 이후 〈정했어 (Love it)〉에서 마이애미 베이스를 활용하며 훨씬 더 청량한 사운드와 비주얼을 표현했다. 데뷔 첫해가 아닌 이듬해, 연작의 형태를 통해 청량함을 풀어낸 케이스다. 2024년에는 다시 〈GEEKIN〉으로 힙합곡을 선보이며 유연하게 그룹의 방향을 풀어냈다. 반면 ATBO는 《The Beginning》 시리즈로 데뷔해 강렬한 이미지를 구축하다, 〈Next to Me〉에서 좀 더 밝은 모습을 보이더니 잘 알려진 겨울 노래 〈Must Have Love〉로 완전히 전환한다. 강렬한 태세로 데뷔했다가 이후 반대로 밝고 친근한 이미지를 데뷔 이후에 선보인 것이다.

이렇게 보면, 청량은 일종의 친근함 혹은 팬덤에게 더욱 가까워지려는 방법이자 대중적으로 좀 더 이름을 알리기 위한 수단이기도 하다. 그런 점에서는 H.O.T.의 〈Candy〉가 지닌 방향이나 이유가 여전히 유효하다는 것을 알 수 있다.

2023년에 데뷔한 주요 그룹들을 살펴보면 다음과 같다.

에잇턴8TURN의 경우 젠지 감각을 중심으로 내세우며 재기 발랄함을 선보이는 방향을 택해 데뷔했고, 이러한 이미지는 타이틀곡에서 꾸준히 유효하나 수록곡인 〈SKETCH〉, 〈ING〉 등을 통해 청량함을 드러냈다. 한동안 래퍼의 포지션이 줄어들었던 것에 반해 앞선 ATBO처럼 강한 퍼포먼스를 구축하기 위한 하나의 방식으로 팀 내 래퍼들을 앞세우는 그룹도 많아졌다. 다만 수록곡의 뮤직비디오나 퍼포먼스를 공개하는 식으로 한 팀의, 그러니까 한 브랜드의 아이덴티티를 영리하게 구축해 나가고 있는 듯하다. 싸이커스xikers는 에이티즈의 동생 그룹답게 초지일관 강렬하다. 굳이 다른 이야기를 덧붙여 설명할 필요가 없을 정도로, 어쩌면 지금 이야기하는 청량함과는 거리가 먼 듯한 곡과 퍼포먼스인데 그 안에서 비주얼적으로는 에이티즈보단 밝은 톤을 가져간다는 차이점이 있다. 그런가 하면 더윈드는 어쩌면 청량 이야기를 할 때 절대 빠져서는 안 되는 존재다. 최근 데뷔한 그룹 중에서도 가장 청량한 이미지를 지니고 있고, 실제로 곡부터 안무, 뮤직비디오 등 많은 것이 한 방향으로 모인다. 보이넥스트도어BOYNEXTDOOR가 소년미를 드러내면서도 힙합, 알앤비를 놓지 않고 가며 그룹만의 에너지를 더해 이미지를 구축하는 것과 달리, 더윈드는 앞서 말한 것처럼 평균 연령이 매우 낮다는 점과 그들이 가진 푸릇함을 적극

케이팝 씬의 순간들

적으로 활용한다. 보이넥스트도어와 비슷한 시기에 데뷔한 루네이트LUN8 역시 마찬가지로 청량함을 가져가지만, 세련되면서 절제된 강렬함과 다인원 그룹이 낼 수 있는 에너지를 전달한다. 이후 제로베이스원이 〈In Bloom〉으로 청량함을 드럼앤베이스로 극대화하여 뽑아냈고, 하나의 정점을 맞이했다.

물론 모든 그룹이 청량함을 지닌 채 데뷔하거나 커리어 초기를 장식한 건 아니다.

엔싸인n.SSign과 이븐EVNNE, 82메이저82MAJOR는 정반대로 강한 이미지로 많은 이들의 인상에 남고자 한다. 다 각자의 이유나 배경은 있다. 25년 만에 SM엔터테인먼트에서 나와 n.CH 엔터테인먼트로 적을 옮긴 유한진 프로듀서의 색채와 역량이 강하게 반영된 엔싸인은 아마 과거의 SM엔터테인먼트가 선보였던 사운드를 좋아하는 이들이라면 즐겁게 들을 수 있다. 「보이즈 플래닛」에서 고배를 마시고 파생그룹으로 만들어진 이븐은 〈Trouble〉이라는 곡 전체를 거의 랩으로 채우다시피 했고, 2024년에 공개한 〈Badder Love〉에서는 그보다는 훨씬 더 대중적인 느낌의, 청춘의 이미지를 보여줬지만* 그 앞의 두 장은 강렬함만으로 승부수를 던졌다. 82메이저의 경우 처음부터 프로듀서 멤버 두 명을 아예 포지션으로 두면서, 래퍼 네 명에 보

---

*   여기서도 특유의 직진하는 느낌은 유지한다.

컬 두 명이라는 포지션을 따로 배치한 것만 봐도 그룹의 지향점을 알 수 있다. 2024년에 발매한 앨범《BEAT by 82》에서는 아예 멤버들이 가사를 쓰고 크레딧에 기존 힙합 음악가들을 배치했다. 82메이저는 이런 식으로 그들만의 방향성을 더욱 뚜렷하게 잡아가는 중이다. 비슷한 듯 다르게, B.I가 주도해서 제작 중인 파우POW 역시 그러한 부분의 영향을 많이 받았는데, 82메이저보다는 오히려 더 훨씬 케이팝 보이그룹다운 면모를 보이며 그룹만의 독자적인 무드를 만들기 위해 노력했다는 것이 느껴진다.

청량은 누굴 위한 것일까?

우선 내수/해외 시장을 고민하는 것과는 무관하다고 생각한다. 만약 어떠한 콘셉트가, 특정한 방법이 어느 지역 시장에서 무조건 강세를 보인다는 통계가 있다고 해도, 통계대로 되지 않는 것이 음악이다.

그럼에도 청량 콘셉트는 어느 정도 안전하고, 또 유효하다. 소위 말하는 검증된 형태이기도 하고, 무엇보다 리스크를 줄일 수 있다는 점에서 그렇다. 콘셉트를 보이는 멤버들에게도 무리가 가지 않고, 팬들에게도 불편함을 줄 가능성이 작다. 사실은 그렇기 때문에 더욱 섬세해야 하고, 더욱 디테일에 있어서 창

케이팝 씬의 순간들

의적인 역량을 요한다. 자칫하면 식상해지기 쉽다. 그럼에도, 긍정적인 측면에서든 부정적인 측면에서든 안전한 방향인 것은 확실하다. (연령대가 어리고 이제 막 데뷔를 시작한) 아이돌에게는 조금 더 긍정적이기도 하다.

다시 돌아와 앞서 방탄소년단을 꺼낸 것처럼, 팬덤도 나이가 들고 아티스트도 나이가 든다. 영원하지 못할 하나의 이미지를 고수하려고 노력하는 것도 낭만이 있고, 혹은 세계관이나 콘셉트를 통해 많은 이들이 매료되게끔 만드는 것도 케이팝이 가진 장점이다. 하지만 결국 노래를 부르고 공연을 하는 이들도 현실 세계 속 사람이라 성장하며 여러 색깔을 갖게 되고, 그리고 팬덤 또한 긴 시간 동안 한 그룹을 응원하고 사랑하다 보면 그들과 함께 만들어 가는 서사의 밀도도 깊어질뿐더러 그 시간 동안 팬덤의 수도, 애정도 쌓이기 마련이다. 이렇게 생각하면 청량이라는 콘셉트는, 그리고 성장하는 모습을 보여주는 여정은 아티스트에게 너무나도 중요하다. 여기에 기록을 예쁘게 남겨놓는다면, 그룹이 성장하는 시간 사이에 유입되는 팬덤도 직, 간접적으로 추억을 공유받거나 느낄 수 있고 여정의 대열에 함께하는 인상을 줄 수 있다. 보이그룹과 걸그룹을 막론하고, 생애주기에 맞게 성장 서사를 갖춰가는 것은 굉장히 의미 있고 중요한 일이다.

개인적으로 투모로우바이투게더의 여정을 사랑하는데, 그이유 중 하나가 이들의 여정은 십 대에서 이십 대로, 또 이십 대라는 시간을 관통하는 과정을 자연스럽게 그들의 세계관과 묶어 가져가고 있기 때문이다. 여기엔 배려도, 같이 성장하겠다는 욕심도, 그리고 잘 해낼 수 있다는 자신감도 포함되어 있다. 최근에는 세븐틴에서 투어스로 이어지는, 에너지를 유지하며 커리어를 이어 나가는 선례도 쌓여간다. 활동 기간이 긴 그룹도 늘어나고 있는 만큼 장기적인 측면에서도 레퍼런스가 생겨난다. 끊임없는 변화로 긴 시간 동안 사랑받는 그룹도 있고, 처음부터 강렬한 이미지를 고수해 끝까지 유지하는 팀도 있다. 좋은 선례 안에 공통으로 청량이라는 존재가 있었으므로 청량이라는 콘셉트는 이토록 오랫동안 이어지는 것이다. 타이틀곡이 아닌, 혹은 앨범을 대표하는 비주얼이 아닌 수록곡으로 간다면 청량은 좀 더 기본 옵션에 가까워진다.

그룹을 막론하고, 제아무리 강한 인상을 주는 그룹이라고 해도 팬송 없는 그룹이 없듯 청량한 느낌의 곡을 한 번도 수록하지 않은 그룹은 없을 것이다. 물론 청량이라고 해서 다 같은 청량이 아니다. 아련한 청량, 이온 음료 같은 청량, 땀 냄새가 나는 청량, 여름 바다 같은 청량…… 이처럼 많은 케이팝 팬덤이 이야기하듯 청량에는 여러 심상과 이미지가 공존한다. 그중 하나는 어떤 그룹이든 지니고 있다고 보면 된다.

만들어 가는 또 하나의 미덕

청량이 이토록 많은 사랑을 받고, 또 많이 나오게 된 원인은 여러 가지가 있겠지만, 흔히들 이야기하는 이지리스닝 시대와 맞물리면서, 그리고 틱톡이나 인스타그램 등 숏폼 콘텐츠를 통해 케이팝이 사랑받게 되면서 그와 맞아떨어진 부분도 있을 것이다. 케이팝에서 팝을 만들고자 하는, 영미권 음악 시장을 고려한다는 점도 어느 정도 겹친다. 혹은 그룹이 타깃으로 삼고 있는 팬덤의 희망 연령대에 따라서 콘셉트 또한 변화한다.

이처럼 청량의 배경은 어느 한 가지만 있는 것이 아니라, 시장의 상황이나 유행을 비롯해 산업적 전략까지 묶여 있다.

그렇다면 앞으로 청량은 계속 이어질까?

우선 2024년의 나우어데이즈NOWADAYS는 그렇지 않았다. 멤버 전원이 성인으로 데뷔하였고, 수록곡 〈TICKET〉은 밝고 화사한, 청량한 면모가 있긴 하지만 타이틀곡인 〈OoWee〉는 그보다는 힙합을 기반으로 사운드를 채워 강렬한 느낌을 준다. 두 마리 토끼를 한꺼번에 잡겠다는 욕심도 느껴진다. 한동안 걸그룹에 비해 보이그룹의 데뷔 수가 많았고, 그 과정에서 청량한 비주얼이나 사운드는 절대적으로 크게 늘었다.

그럼에도 스트레이 키즈와 에이티즈의 큰 성공은 그룹 이미지에 있어 다른 선택지를 고민하게 만들기도 한다.

케이팝 안에는 지금까지 크게 두 가지 방향이 있었다. 하나는 음악적 전개와 퍼포먼스를 극대화하여 보는 이로 하여금 감탄하게 만드는, 때로는 압도하는 느낌을 주면서 카리스마 있게 풀어내는 방향이 있었고, 다른 하나는 친근함과 사랑스러움으로 사람들에게 가까이 다가가며 기분 좋게 만드는 방향이 있었다.

물론 무조건 양분하는 것은 아니다. 과거 여자친구GFRIEND처럼 파워풀한 퍼포먼스로 서정적인 곡을 풀어내는 경우도 있었고, 더보이즈의 〈THRILL RIDE〉처럼 힘 있는 청량함으로 많은 사랑을 받는 사례도 존재했다.

어쩌면 이제 앞으로는 그런 다각화에 있어서 많은 숙제가 있을 것이다. 반복이나 재현으로는 한계가 있으니, 언급한 두 가지 사이에서 적절히 섞어가며 타파해야 한다. 나우어데이즈는 그 둘을 모두 잘한다는 전제하에, 시작부터 두 가지를 모두 선보였다. 미스틱스토리의 보이그룹 아크ARrC의 경우 평균 연령이 17세 정도로 상당히 낮은 편임에도, 〈dummy〉라는 선공개 곡을 통해 강한 이미지를 먼저 드러냈다. 아마 그룹의 역량을 일찌감치 증명하기 위한 방법일 수도 있다. 그 외에도 다이몬DXMON, 올아워즈ALL(H)OURS, 엔시티 위시, NXD가 저마다 다른 매력을 가져갈 것으로 예상되며 보이그룹 내에서의 다양성은 더욱 풍성해질 것으로 기대된다.

여기까지 이성적으로, 나름의 분석을 더해 보이그룹에게 청량이라는 콘셉트가 가지는 의미, 그리고 청량의 시대가 도래한 이유를 알아봤다. 결론을 대체해서 하고 싶은 말은, 결국 보이그룹에게 청량은 곧 낭만이고 살아있음을 드러내는 표현 그 자체라는 것이다. 누구에게나 청춘의 시절이 있고, 맑은 구슬땀을 흘리는 것이 아름다워 보이는 시기가 있다. 사랑과 번민, 방황과 일시적 일탈까지, 누구나 한 번쯤은 그 시기를 가지거나 바라본다. 설령 직접적인 경험이 없더라도 추억을 보정해주거나 없던 기억도 아스라이 만들어 주는 것, 마치 그 시기를 잘 포착한 한 편의 영화와도 같은 것이 케이팝의 청량이다.

물론 싱그러운 록 음악처럼, 깊이 있는 싱어송라이터가 풀어내는 하나의 세계처럼 케이팝의 청량과 함께 비견될 수 있는 음악도 더러 있지만, 케이팝은 더욱더 구체적으로 눈앞에 청량이라는 그림을 그려낸다는 점이 매력적이다. 그래서 케이팝에, 보이그룹에게 청량은 하나의 소년 청춘물 이상의 역할과 가치를 지닌다. 어쩌면 케이팝만이 잘 간직하고 있고 또 만드는 중인 하나의 완성된 미덕이 아닐까.

EP

빛 : BIT Part.2

유나이트
발매일 2023.10.17

유나이트는 지금까지의 커리어에 있어 랩이 적지 않은 비중을 차지해왔다. 아마 그룹을 제작한 회사가 가지고 있는 성격 때문이기도 하겠지만, 유나이트는 특히 랩에 있어서 과소 평가된 그룹 중 하나이기도 하다. 유나이트가 선보이고자 하는 방향이나 추구하는 흐름이 있어서 그런 것이겠지만, 아쉽게도 유나이트가 가진 어떤 부분은 여전히 잠재력을 간직하고 있는 중이다. 반면에 그런 부분을 다 드러내지 않았기에 가능했던 것도 있다.

대표적인 곡이 〈정했어 (Love it)〉다. 청량한 하이틴 이미지를 담고 있는 이 곡은 다른 수록곡과, 혹은 기존의 타이틀곡과 비교해도 훨씬 많은 이들에게 사랑받을 수 있는 여지가 많고, 어떻게 보면 진입장벽 자체를 낮춘 곡이다. 어떤 그룹이든 그런 순간이 당연히 필요하지만, 유나이트는 그것을 청량으로 시도했고 결과는 성공적이었다. 무게감을 내려놓은 대신 훨씬 산뜻하게 다가왔다는 점, 좀 더 음악을 접하는 이들과의 공감대를 넓혔다는 점에서 청량이라는 콘셉트는 굉장히 유효했다.

EP
YOUTH IN THE SHADE
제로베이스원
발매일 2023.07.10

제로베이스원은 드럼앤베이스가 담긴 〈In Bloom〉을 선보이며 청량함에 있어 정점을 선보였다. 주목할 점은 타이틀곡 앞에 있는 〈Back to ZEROBASE〉 또한 드럼앤베이스를 적극적으로 썼다는 것이다. 여기에 다음 이어지는 곡들은 투스텝 개러지2-Step Garage와 트랩 리듬을 쓰는 등 앨범 자체가 가지는 색채를 견고하게 가려고 했고, 그래서 전반적인 완성도를 높였다. 여기에 앨범 전체를 청량한 느낌으로 일관되게 채우며 앨범 단위 작품으로서 좋은 밀도를 챙겼다.

상대적으로 장르적 뾰족함은 두 번째 미니 앨범 《MELTING POINT》에서 강하게 표현되었다가 세 번째 미니 앨범 《You had me at HELLO》에서는 개성보다는 더 많은 사람에게 다가갈 수 있게끔 수록곡을 채워 나가는 듯하지만, 그러면서 나름의 서사와 스토리를 쌓아 가고 있다. 하지만 이들이 만든 첫 만남, 첫 순간의 청량함만큼은 많은 이들이 잊지 않았을 것이다.

EP
Beginning : The Wind Page
더윈드
발매일 2023.05.15

더윈드, 이름부터 청량하다. 사실 데뷔 나이가 어려서 아직 이들에게는 한 가지 이미지가 강하게 자리할 수밖에 없다. 그럼에도 시간이 지나고 멤버들이 지금의 분위기를 내기에 큰 어려움은 없을 것 같아 염려되진 않는다. 일단 더윈드의 첫 시작은 풋풋하고 산뜻한, 풀 내음이 함께 오는 바람이라 할 수 있다. 《Beginning : The Wind Page》의 타이틀곡 〈ISLAND〉도 그렇지만, 담겨 있는 다른 곡(〈빛을 담아 너에게 줄게〉, 〈할 수 있어〉, 〈다시 만나〉)들도 명확하게 맑고 투명한 청량이라는, 우리가 생각하는 청량의 가장 순수한 형태라는 한 방향을 추구하고 있다.

2024년 2월에 발매한 두 번째 미니 앨범 《Our : YouthTeen》에서는 조금 더 에너지를 선보이는 듯하지만, 첫 번째 미니 앨범과 결이 굉장히 일치한다는 점에서 그룹의 방향이 청량의 연장선에 있음을 볼 수 있었다.

EP

WHY..
보이넥스트도어
발매일 2023.09.04

HOW?
보이넥스트도어
발매일 2024.04.15

보이넥스트도어의 음악은 청량보다는 좀 더 청춘에 가깝다. 그것도 지금까지 다른 그룹이 지향하고 담아온 장르적 색채나 표현보다는 조금 더 지금의 청춘을 대변하는 듯하다. 가사의 밀도, 그리고 멤버들의 퍼포먼스가 지닌 온도를 생각하면 더 그렇다. 똑같이 사랑을, 이별을 노래해도 그 방법이 다르다. 솔직하고 현실적이면서도 낭만을 잃지 않고, 투박한 듯하지만 세련됨을 잃지 않았다.

첫사랑 3부작의 마지막인 2024년 작 《HOW?》까지 이어 들어보면 스펙트럼이 완성되는 순간의 밀도, 그리고 감정을 담아내는 방식의 풍성함을 느낄 수 있다. 케이팝 씬에서는 한동안은 드물었던, 하지만 그러면서도 과하지 않은 언어다.

EP

UNCHARTED DRIFT

에잇턴
발매일 2023.06.26

에잇턴의 두 번째 미니 앨범에서 눈여겨봐야 할 것은 타이틀곡인 〈EXCEL〉도 있겠지만, 뮤직비디오를 제작한 팬송 〈ING〉와 그 앞에 수록된 곡 〈SKETCH〉다. "Pluck 사운드는 밝은 Blue, 감성적인 Piano 사운드는 따뜻한 햇살로 들리지 않을까?"라는 앨범소개 글처럼, 실제로 〈SKETCH〉는 다소 개성 강한 힙합 리듬을 가지고 있으면서도 풋풋한 청량함을 시도한다. 이게 가능했던 건 멤버들의 음색이 컸다. 이 에너지는 2024년 발매한 세 번째 앨범 《STUNNING》에서 〈GLOW〉를 통해 이어 가기도 한다. 타이틀곡이 강렬하게 가져가면서 그룹의 색채를 다잡고, 그러면서도 멤버들의 개성이나 장점, 십 대 후반에서 이십 대 초반에 가져갈 수 있는 힘을 보여준다면 후속곡은 그 힘의 다양한 색채를 드러낸다. 이래서 케이팝은 수록곡까지 중요하게 봐야 한다.

EP

Favorite

파우
발매일 2023.10.11

파우의 청량함에는 어딘가 다른 필터가 있다. 단순히 아련한 청량, 혹은 세련된 청량이라고만 하기에는 훨씬 더 명확한 방향이 존재한다. 제일 처음에 공개했던 〈Favorite〉과 첫 번째 EP 《Favorite》에 〈Dazzling〉과 함께 수록된 〈Slow Dancing〉과 〈Amazing〉까지 들어보면 확실하게 서술할 수 있는 지점보다 좀 더 시각적으로, 청각적으로 표현할 수 있는 특정한 무드를 향해 가고 있다는 것이 느껴진다.
이들의 앞으로가 궁금하다면 2024년 1월에 공개된 싱글 《Valentine》도 들어보자. 첫 앨범에서 확고하게 만든 무드에서 어떤 식으로 베리에이션을 가져갈 것인지에 대한 힌트를 조금은 엿볼 수 있기도 하다.

걸그룹, 4세대의 주연이 되다

준비운동을 시작한 걸그룹

우연이 여러 번 겹치면 필연이라고 했다. 2010년대 후반, 약속이라도 한 것처럼 새로운 걸그룹이 쏟아졌다. 어디가 시작이었는지는 마치 케이팝의 시작이 어디냐는 질문처럼 아직도 명확한 답을 내릴 수 없는 상태다.

다만 징조는 곳곳에서 감지되었다.

2018년에 걸그룹, 보이그룹 할 것 없이 케이팝 씬을 통틀어 가장 주목 받은 신인은 (여자)아이들(G)I-DLE과 아이즈원 IZ*ONE이었다. 이후 수년간 펼쳐질 강력한 걸그룹 전성시대의 서막을 연 이들은 뚜렷한 각자의 서사와 매력으로 단숨에 대중 사이를 파고들었다.

2018년 한 해 동안 신인상만 7개가 될 정도로 뜨거운 한 해를 보낸 (여자)아이들의 중심에는 '나'가 있었다. 다른 누구와도 대체할 수 없는 온전한 내가(I) 모여 아이(I)들이 된 그룹. 아이들 앞에 붙어 묶음 처리된 '여자'는 사회에서 온전한 자신으로 인정받기 위해선 주어진 성별을 최대한 지워야 사는 여성들의 현실을 나타내는 상징적 의미처럼 읽히기도 했다. 그룹 이름만큼 뚜렷한 멤버들의 개성과 리더이자 프로듀서 전소연의 뛰어난 능력은 그대로 그룹 (여자)아이들의 시그니처가 되었다. 제목부터 일종의 구호처럼 느껴지는 미니 앨범 《I am》

의 타이틀곡 〈LATATA〉는 멤버 전원이 같은 구절을 돌아가며 부르는 특징을 가지고 있었다. 그 파트는 "누가 뭐 겁나?"였다. 젊고, 재능 넘치며, 따라서 세상 앞에 그 무엇도 두렵지 않은 (여자)아이들의 기세등등한 선언이었다.

자신을 갈아 넣어 완성한 음악으로 대중을 사로잡은 게 (여자)아이들의 저력이었다면, 아이즈원은 서바이벌 출신 그룹으로서의 끈질긴 생명력과 불같은 화력으로 놀라움을 선사했다. 2010년대 후반의 케이팝 씬에 지각변동을 일으켰다 해도 좋을 엠넷의 아이돌 서바이벌 프로그램 「프로듀스」 시리즈의 세 번째 시즌 「프로듀스 48」을 통해 결성된 이들의 여정은 처음부터 끝까지 결코 쉽지 않았다. 한일 양국의 아이돌 연습생들을 모아 12명의 다국적 그룹을 최종 탄생시키는 걸 목표로 한 프로그램은 방영 초반에서 그룹 활동 마무리까지 바람 잘 날 없는 한 시절을 보냈다. 아이돌에 대해 서로 다른 정의와 기준을 가진 한일 양국 연습생들의 기본 스탯 차이에서 오는 잡음이 끊이지 않았고, 엠넷 서바이벌 프로그램의 오랜 고질병인 '악마의 편집' 논란은 물론 그룹 활동 후반 터진 '투표 조작 사건'까지. 빈말로라도 꽃길이었다고는 말할 수 없다. 그럼에도 이들의 여정을 긍정적으로 기억할 수 있게 만든 건, 다름 아닌 아이즈원이라는 그룹과 멤버들이 자아낸 고유한 에너지 때문이었다. 데뷔곡 〈라비앙로즈〉에서 〈비올레타〉, 〈FIESTA〉

를 거치며 점점 레벨업한 아이즈원의 무대응집력은 마지막 활동곡이었던 〈Panorama〉로 마침내 정점을 찍었다. 아이즈원은 이 앨범으로 세 장 연속 초동(발매 첫 주 판매량) 음반 판매량 35만 장을 넘기는 괴력을 선보였는데, 당시만 해도 초동 10만 장 이상을 기록하는 걸그룹이 한 손에 꼽을 정도였음을 생각하면 무척이나 놀라운 숫자다. 같은 해 초동 판매량 30만 장 이상을 기록한 그룹은 아이즈원과 트와이스TWICE(《MORE & MORE》), 그리고 블랙핑크BLACKPINK(《THE ALBUM》)뿐이었다.

그렇다. 우리가 종종 잊는 이름 가운데 트와이스가 있다. 4세대 걸그룹 붐 이전, 인기의 기반을 차분히 뒷받침했던 대표적인 그룹 가운데 하나다. 특히 트와이스의 경우, 한 세대 앞서 활약한 소녀시대GIRLS' GENERATION와 함께 '걸그룹도 강력한 팬덤을 가질 수 있다'는 증거로 자리했다. 밀리언셀러는 물론 더블 밀리언셀러도 잊을 만하면 등장하는 2024년의 걸그룹 씬에서는 납득하기 힘들겠지만, 2010년대 중반까지만 해도 대부분의 케이팝 걸그룹 음반 판매량은 10만 장을 밑도는 것이 당연하게 여겨졌다. 상황이 이러니 걸그룹은 팬덤보다는 인지도로 생명력을 유지한다는 말이 정설처럼 받아들여지는 것도 당연했다. 분위기가 반전된 건 트와이스가 선전하면서부터다. 2016년에는 미니 3집《TWICEcoaster : LANE 1》으로 초동 판매량 9만 4천여 장을 기록한 이들은 이듬해인 2017년에는《TWICEcoaster : LANE 2》으로 드디어 걸그룹 초동 판매량 10만 장을 넘겼다.

한 번 깨진 천장은 이후 수많은 걸그룹이 어렵지 않게 오갈 수 있는 통로가 되었다. 2018년부터는 블랙핑크, 아이즈원, 마마무Mamamoo, 레드벨벳-아이린&슬기Red Velvet-IRENE & SEULGI, (여자)아이들 등이 초동 판매량 10만 장 이상을 기록한 걸그룹 명단에 이름을 올렸다. 본격적인 걸그룹 대형 팬덤 시대의 등장이었다.

바로 그때, 그룹 있지ITZY가 데뷔했다. JYP엔터테인먼트 소속 5인조 그룹으로 2019년에 발표한 이들의 데뷔곡 제목은 〈달라달라〉였다. 노래는 제목만큼이나 일관적으로 "우리는 다르다"는 메시지를 전했다. 그렇게 다르다면 과연 무엇이 구체적으로 다른가. 노래에 따르면 있지는 사랑 따위에 목매지 않고, 언니들 말을 따라 철들 생각이 없고, 예쁘기만 하고 매력은 없는 애들과는 '다르'기 때문에 다르다고 주장했다. 진취적 외양에 비해 다소 구시대적인 내용을 담고 있긴 했지만, '다르다'는 표현 자체가 가진 상징적인 힘은 유효했다. 대중의 반응도 좋았다. 〈달라달라〉 이후 정말 무언가 '달라'진 시선으로 새로운 걸그룹을 바라보는 이들이 늘었다. 덕분에 〈달라달라〉는 말뿐만이 아닌 실제로 '달라진' 4세대 걸그룹 특징을 이야기할 때 빼놓을 수 없는 곡으로 자리 잡았다.

기회를 잡은 이들은 망설일 생각이 없었다

천군만마 같은 팬덤을 모았고, 다르다는 선언도 마쳤다. 2020년대에 들어선 케이팝은 새로운 10년을 맞이할 채비를 갖춘 새로운 그룹을 쉴 틈 없이 세상으로 내보내기 시작했다. 2020년 말에 에스파aespa와 스테이씨STAYC가, 2021년에는 아이브IVE가 대중에 첫선을 보였다. 뒤이어 2022년에는 르세라핌LE SSERAFIM과 뉴진스NewJeans가 등장하며 케이팝은 비로소 4세대라는 말을 본격적으로 언급하기 시작했다. 이 시기 유독 눈에 띄는 걸그룹이 다수 등장한 부분에 대해서는 여러 측면으로 분석이 가능할 것이다.

우선 보이그룹의 경우 2020년대에 들어서도 방탄소년단, 세븐틴, 스트레이 키즈 등 3세대와 3.5세대 사이 데뷔한 인기 그룹의 기세가 전혀 꺾일 기미가 보이지 않았다는 점에 주목하고 싶다. 활동 초기 팬덤의 기반을 만드는 데 전력을 다해야 하는 신인 보이그룹으로서는 부담스러울 수밖에 없는 환경이었다. 여기에 엎친 데 덮친 격으로 코로나19가 전 세계를 휩쓸었다. 2010년대 후반에 들어오며 팬덤 확장을 위해 그 어느 때보다 적극적으로 해외 시장을 공략하려 했던 보이그룹으로서는 진퇴양난의 상황이었다고 해도 좋을 것이다. 공들여 앨범을 내고 활동을 해도 쇼케이스나 콘서트를 비롯한 오프라인 팬 이벤트로 직접 팬들을 만날 수 없는 현실은 대부분의 케이팝 소속사가 신인 그룹, 특히 대형 팬덤을 형성하는 것이 성공의 정석이라고 생각하고 있던 보이그룹의 론칭을 고민하게 만드는 대표적인 이유가 되었다.

반면 걸그룹은 달랐다. 업계 내부적으로 여전히 걸그룹은 대중인지도가 우선이라는 의식이 남아 있는 가운데, 촉 빠른 이들은 앞서 언급한 2018~2019년에 데뷔한 그룹들의 상승세와 각종 지표 변화에 주목하고 있었다.

더불어 2021년 4월, 아이즈원이 계획된 2년 반의 활동을 마무리했다. 검증된 실력과 높은 인지도, 탄탄한 팬덤 모두를 가진 우량주 같은 12명의 멤버가 케이팝의 품 안에서 새출발을 준비하게 되었다. 실제로 2021년 이후 데뷔해 대표적인 4세대 걸그룹으로 불리는 아이브와 르세라핌은 각각 장원영과 안유진, 미야와키 사쿠라와 김채원이라는 아이즈원 출신 인기 멤버를 보유하고 있고, 이들을 주축으로 활동 초반 화제성과 인기라는 두 마리 토끼를 동시에 잡을 수 있었다. 아이즈원은 이외에도 권은비, 이채연, 최예나, 조유리 등 뚜렷한 자신만의 색깔로 개성 있는 활동을 펼쳐 나가는 케이팝 솔로 가수를 다수 배출하기도 했다.

개성. 이것은 비단 아이즈원 출신 멤버들에만 한정되는 이야기는 아니다. 개성은 4세대 걸그룹을 이야기하는 말과 글에서 언제나 가장 우선순위에 놓여야 하는 단어다. 물론 4세대 이전 활약한 걸그룹이 개성이 말살된 채로 활동했다는 뜻은 아니다. 다만 이전 세대의 경우 대체로 케이팝을 오랫동안 지켜봐 온 사람들 사이 말하지 않아도 통용되는 법칙 아닌 법칙을 일부라도 수용하는 방식으로 활동을 전개해 나갔다.

예를 들면 이런 식이다.

소녀시대의 윤아, 미쓰에이miss A의 수지, AOA의 설현처럼 대중을 타깃으로 하는 명확한 센터 멤버가 있었고, 귀여울 수도 사랑스러울 수도 섹시할 수도 있었지만, 그것이 위협적인 단계까지 나아가서는 안 됐다. 2017년에 발매한 블랙핑크의 데뷔곡 〈붐바야〉까지도 "오빠"라는 성별지칭용어가 빠지지 않고 등장했고, 타이틀곡은 그룹 고유의 색깔을 만들기보다는 차트에서 히트할 만한 '인기곡'에 초점을 맞춰 당대를 대표하는 인기 작곡가에게 맡기는 경우가 흔했다. 빅뱅BIGBANG의 성공 이후 그룹 내 셀프 프로듀싱이 보편화되기 시작한 보이그룹에 비해 걸그룹에게는 창작권이 쉽게 주어지지 않는 환경도 무시할 수 없는 요인이었다.

물론 모든 일에는 예외가 있다. 음악과 활동에 있어 걸그룹의 특성보다는 소속사 YG엔터테인먼트의 정체성인 힙합과 멤버들의 카리스마가 훨씬 도드라졌던 2NE1이나 아직까지도 걸그룹 역사 속 이단아 취급을 받으며 특히 음악적인 부분에 있어 독보적인 인정을 받는 f(x) 같은 사례가 대표적이다.

4세대 걸그룹의 경우, 앞선 세대와 굳이 선을 그어보자면 대체로 후자의 예외 사례에 가까운 특징을 띤다. 이들의 시작에는 (여자)아이들과 있지 등 3세대와 4세대 사이의 가교가 되어 준 그룹이 만들어 놓은 '다르다'는 전제가 있었고, 트와이스와 아이즈원 그리고 블랙핑크가 다져 놓은 '걸그룹도 보이그룹 못지않은 대형 팬덤을 보유할 수 있다'는 상식의 전환이 있었다. 이러한 변화의 흐름은 꽤나 격렬하게 이루어져서, 그 소용돌이 한가운데에는 그룹 뉴진스처럼 대형 팬덤 형성 자체가 가수 활동의 중심에 놓이지 않아도 성공할 수 있다는 색다른 시각을 제공한 팀도 있었다.

뉴진스의 등장은 4세대 걸그룹뿐만이 아닌 케이팝 시장 전반에 새로운 바람을 가져왔다 해도 과언이 아니었고, 그런 이들의 성공이 가져온 변화의 흐름은 따로 챕터를 할애해 자세히 언급하려고 한다.

다시 돌아와서 뉴진스는 충성도 높은 강력한 팬덤을 기반으로, 그로 인한 높은 앨범 판매량과 대형 투어를 통해 한국은 물론 세계적인 인지도를 높이는 것을 목표로 한 지금까지 케이팝의 성공 공식을 전면으로 거부했다. 뉴진스의 소속사 어도어의 민희진 전 대표는 케이팝 초창기부터 시장의 형성을 오랫동안 지켜봐 온 이로서 당연시되던 케이팝의 기존 공식을 따르기보다는 오히려 그 모두에 반하는, 일종의 안티-케이팝적 자세로 뉴진스 콘텐츠를 기획했다.

대표적인 예가 뉴진스의 음악이다. 2022년 8월에 발표한 뉴진스의 첫 앨범 《New Jeans》에 수록된 네 곡은 이들이 데뷔한 즈음만 해도 나날이 격화되어 가던 케이팝의 복잡다단한 면모와 정확히 반대의 위치에서 울려 퍼졌다. 앨범 소개글부터 '좋은 음악'이라는 화두를 제시한 이들의 노래는 국적, 성별, 연령대와 상관없이 누구나 편하게 들을 수 있는 세련된 음악을 지향했다. 케이팝뿐만이 아닌 전 세계 음악계의 화두로 떠오르고 있던 플레이리스트 유행, 레트로 무드, 해외에서의 인기 상승과 함께 팝을 닮아가고 있는 케이팝의 변화와도 궤를 함께하는 흐름이었다.

음악 외에도 그룹 인기를 기반으로 오직 팬만을 겨냥해 만드는 흔한 아이돌 머천다이즈가 아닌, 그룹 및 회사 로고와 팬덤 버니즈를 연상시키는 토끼 캐릭터를 활용한 각종 캐릭터 상품에서 가방 형태의 앨범 패키지까지 마치 뉴진스라는 브랜드를 소비하는 것처럼 마케팅을 전개해 나갔다. 기존 케이팝 마케팅의 기시감이 들면서도 안티-케이팝적 자세에서 기인한 한 끗 다른 뉴진스의 행보는 케이팝 씬과 세계 음악 시장을 동시에 사로잡았다.

뉴진스 사례가 워낙 특별한 무게감을 지니긴 하지만, 비단 이들의 활약만으로 4세대 걸그룹 붐을 이야기하기에는 아쉬움이 남는다.

4세대를 이끌어 가는 그룹 가운데 가장 먼저 데뷔한 에스파를 보자. 에스파가 데뷔곡 〈Black Mamba〉를 발표할 때만 해도 이들의 방향성에 환영을 표하는 이들은 많지 않았다. 〈Black Mamba〉나 〈Next Level〉 같은 초기 히트곡은 케이팝에서 흔히 말하는 '정통 SMP' 계열의 노래였다. 케이팝의 조상님 취급을 받는 그룹 H.O.T.의 데뷔곡 〈전사의 후예 (폭력시대)〉부터 이어져 온 SM의 음악적 뇌관이라 할 수 있는 프로듀서 유영진의 손에서 태어난 음악은 케이팝에서 거의 유일하게 독립된 장르로 언급되는 SMP의 전통을 고스란히 이어갔다.

재미있는 건 메탈, EDM, 힙합 등 각 장르와 시대에서 어쨌든 제일 '쎈' 소리를 차용한 사운드에서 서사나 맥락보다는 정서와 이미지를 앞세워 듣는 이를 압도하는 노랫말을 특징으로 하는 해당 장르의 명맥을 지금껏 이어온 건 대부분 보이그룹의 몫이었다는 점이다. H.O.T., 동방신기, 엑소EXO 등 오랜 세월 케이팝의 각 세대와 그 세대를 대표하는 SM 보이그룹의 몫이었던 SMP의 적장자 자리에 가볍게 올라탄 에스파는 활동을 이어가는 내내 그 어떤 타협도 없이 자신들만의 색깔을 뚝심 있게 이어나갔다.

데뷔 초 멤버 하나마다 연결된 가상 아바타 아이æ가 있고, 그 모두를 관장하며 조력자의 역할을 담당하는 나이비스nævis 도 정식 데뷔를 하는 등 가상세계와의 깊은 교감을 통해 메타 버스, A.I. 등으로 시끄럽던 세상과 연결되며 이런저런 화제를 낳은 그룹이었지만, 결국 이들을 정상의 위치에 올린 건 음악, 그것도 데뷔 당시만 해도 유물 취급을 받던 정통 SMP였다.

에스파의 대표곡이 된 〈Supernova〉가 그러하다. 2024년 11월을 기준으로 한국을 대표하는 음악사이트 멜론이 2004년 에 서비스를 시작한 이래 최장기간 1위(15주)라는 놀라운 성적 을 거둔 노래는 유영진과 함께 SM의 음악적 핵심을 이뤄온 작 곡가 켄지의 진두지휘 아래 2010년대 들어 SM이 발표하는 가 장 날것의 쫄깃한 비트를 만들어 내는 데 탁월한 면모를 모인 뎀 조인츠Dwayne "Dem Jointz" Abernathy Jr.의 무르익은 협업을 확 인할 수 있는 곡이었다.

노래는 아무런 예고 없이 비트를 집어 던지며 시작하는 인 트로부터 일반적인 대중음악이 지향하기 마련인 편안한 청취 에는 그 어떤 관심도 없다는 듯 시종일관 오감을 자극하는 데 만 초점을 맞추는 비트와 사운드 소스들로 가득 차 있다. "원초 그걸 찾아"나 "잔인한 Queen이며 Scene 이자 종결" 같은 이 유 없이 심오한 노랫말과 노래가 흘러나오고, 2분이 넘어갈 때 쯤에 지금까지 진행되던 흐름과 전혀 다른 노래 조각을 집어

넣는 특유의 다층적 구성까지…… 그야말로 〈Supernova〉는 SMP의 정수를 담아낸 곡이라 할 수 있다. 여기에 케이팝 역사에서 유일하게 특별한 장르명이 붙여진, 4세대에 걸쳐 뚝심 있게 이어지고 있는 SMP의 음악적 유산으로서의 의미까지 더했다. 단순히 대중적으로 인기만 있었던 게 아니다. 금속성 소리를 앞세운 〈Supernova〉는 시대를 뛰어넘은 각종 SF의 요소를 담아낸 에스파의 비주얼과도 좋은 시너지 효과를 일으켰다. 그곳에서 '쇠맛'이라는, 다른 그 어떤 그룹도 쉽게 넘볼 수 없는 에스파만의 독보적인 캐릭터가 탄생했다. SMP를 기준으로, 90년대와 밀레니얼 유행의 중심에서 한국의 진정한 케이팝 레트로를 원본에 가깝게 재현해 성공한 그룹이 에스파라 해도 과언은 아닐 것이다.

선명한 방향성은 2024년 하반기에 발표한 다섯 번째 미니 앨범 《Whiplash》로 정점을 찍었다. 음악에서 의상, 뮤직비디오까지 에스파가 추구해온 '쇠맛 테크노'의 완성형에 다름 아니었다.

여러모로 대체 불가한 뉴진스와 에스파의 존재감만큼 아이브와 르세라핌의 활약도 눈부셨다. 외양만 봐서는 전혀 다른 그룹처럼 보이는 두 팀의 중심에는 굳건한 하나의 공통 서사, '나(I)'가 있었다. '나'에 대한 추구는 흔히 젠지GenZ, Generation Z 로 불리는 새로운 세대의 특징이기도 한 동시에 그러한 시대와 맞물려 탄생한 걸그룹으로서는 가장 매력적으로 인식할 수밖에 없는 시대의 전언이었다. 그도 그럴 것이, 케이팝 걸그룹은 지금까지 직접적인 제작에서 노래 속 화자까지 '나'라는 존재를 직접적으로 녹여내고 드러낼 기회를 거의 부여받지 못한 존재였기 때문이다. 적게는 수십 명에서, 많게는 수백 명의 목소리를 모아 최종적으로 앨범과 무대 위에서 완성되는 콘텐츠의 최종전달자로서 걸그룹의 손에 이제야 비로소 주어진 '나'라는 키워드는 그 어떤 분야, 그 어떤 이들에게 주어진 열쇠보다도 더 값지고 묵직한 존재감을 자랑했다.

기회를 잡은 걸그룹들은 망설일 생각이 조금도 없었다.

그룹 아이브는 데뷔 앨범《ELEVEN》에서《LOVE DIVE》,《After LIKE》까지 이어지는 초기 싱글 3부작을 통해 '나를 사랑하는 나' 즉 자기애를 자신들의 고유한 정체성으로 확고히 자리매김했다. 작사가 서지음의 섬세한 언어로 정제된 노랫말에는 "Narcissistic(자애적인)"이라는 직접적인 단어까지 등장시키며 거울을 바라보며 자신과 사랑에 빠지는 듯한 안무와의 조화를 통해 아이브의 세상을 완성해냈다. 이들의 정규 앨범이나 EP 역시 이러한 팀의 기조를 자연스레 이어나갔다. 앨범 단위로 확장된 아이브의 '나'를 중심으로 한 세상은 아이브의, 아이브에 의한, 아이브를 위한 앨범으로 완성되었다. 라이언 전 등 케이팝의 배후에서 가장 활발히 활동하고 있는 베테랑 프로듀서를 중심으로 꾸려진 송캠프팀은 아이브만의 색깔과 트렌드 사이에서 그들에게 꼭 어울리는 맞춤옷 같은 노래를 지속적으로 만들어냈다. 시간이 흐르며 더욱 공고해진 아이브의 자기애는 화려하면서도 친숙한 그룹 아이브 멤버들의 고유한 특성과 함께 시너지를 일으키며 십 대를 중심으로 한 어린 세대들을 중심으로 선풍적인 인기를 끌었다.

케이팝 역사 속 시대별 '초통령'이 특정 곡의 히트나 당대 가장 인기 있는 그룹을 중심으로 만들어진 측면이 있다면, 아이브는 거기에 더해 나를 사랑해 가장 빛나게 된 별로서의 의미도 함께 가져갔다. 롤 모델이 필요한 젊은 세대를 대변하는 아이콘이 된 셈이다.

르세라핌의 경우는 '나'의 더 깊은 곳으로 들어간다. 이 그룹의 기반 역시 팀을 이루는 멤버 한 사람 한 사람의 개성과 매력을 기반으로 하고 있으나, 그를 콘텐츠로 만들어내는 방식은 다른 그룹에 비해 훨씬 구체적이고 적극적이었다. 데뷔 초, 르세라핌이 그룹과 음악, 퍼포먼스를 통해 세상에 내놓는 '나'는 추상적이거나 상징적인 존재가 아닌, 지금 현실에 두 발을 대고 당신 앞에 서 있는 진짜 '나'였다. 리스크 최소화를 위해 대중에 노출되는 면을 최대한 깎고 다듬어 세상에 내놓는 것을 기본으로 하는 케이팝 콘텐츠의 특성을 생각해보면 도전이라 해도 좋을 정도의 과감함이었다.

르세라핌은 데뷔부터 멤버 개개인과의 심도 깊은 인터뷰를 통해 도출한 메시지를 중심으로 활동을 시작했다. 팀 이름 'LE SSERAFIM(르세라핌)'은 '나는 두렵지 않다'는 뜻의 'IM FEARLESS'를 애너그램* 방식으로 재구성해 만들었으며, 이는 서로 다른 장애물을 뛰어넘어 하나의 그룹이 된 멤버들 각자의 서사를 바탕으로 도출해낸 대표 메시지였다.

이토록 진짜 '나'의 이야기를 갈아 넣은 그룹이 있었나 새삼 돌아보게 되는 이들의 새출발은 성공적인 결과를 낳았다. "나는 꺾이지 않아"(〈The World Is My Oyster〉), "나는 점점 더 더 더 강해져"(〈The Hydra〉) 등 깜짝 놀랄 정도로 호전적 메시지로 채워진 곡과 노래 〈ANTIFRAGILE〉의 가사 – "잊지 마 내가 두고 온 toe shoes"(카즈하 파트), "무시 마 내가 걸어온 커리어"(사쿠라 파트) – 처럼 쉽게 흉내 낼 수 없는 르세라핌만의 강력한 서사는 이들에 열광하는 팬덤의 폭을 금세 확장해갔다. 그룹 결성에서 데뷔 쇼케이스까지의 시간을 담은 다큐멘터리 「The World Is My Oyster」는 그런 르세라핌의 이야기를 무엇보다 단단하게 뒷받침한 콘텐츠였다.

내가 들려주고 보여줄 수 있는 최대치의 이야기로 대중과 호흡할 수 있는 자유.

---

* 단어나 문장을 구성하는 문자의 순서를 바꿔 다른 단어나 문장을 만드는 것.

생각해보면 지금까지 걸그룹에게는 쉽게 주어지지 않았던 선택지였다. 다만 그렇게 물 샐 틈 없이 단단히 메워진 메시지의 성채는 현실의 작은 허술함도 쉽게 허용하지 않는 부작용을 낳았다. 대표적인 예가 2024년 4월에 열린 「코첼라 밸리 뮤직 앤드 아츠 페스티벌Coachella valley music and arts festival」 무대에서 벌어진 '가창력 논란' 이슈였다. 무대 이전까지만 해도 최단 기간 내 코첼라에 입성한 것으로 많은 관심을 받았던 이들은 화제성이 미치지 못하는 아쉬운 무대 퍼포먼스를 보여주며 대중의 공분을 샀다. 페스티벌 현장과 온라인 중계 사이의 괴리나 페스티벌 라이브에 대한 소속사의 준비가 부족했다는 비교적 이성적인 분석이 "편을 든다"는 이야기를 들을 정도로 압도적인 양과 수위 높은 비판이 이들에게 쏟아졌다.

총 2주간 개최되는 페스티벌의 특성상 2주 차 무대를 통해 적어도 보는 입장에서의 무대 완성도는 높아진 모습을 보였지만, "AR*을 더 깐 것 말고는 무슨 변화가 있느냐"는 비난도 여전히 지속되었다. 해당 논란은 2024년 8월에 발매된 EP 《CRAZY》까지 이어지며 이들에게 앞으로의 활동을 통해 넘어야 할 가장 큰 벽이자 풀어야 할 가장 큰 과제로 남아 있다.

---

*　　노래와 음악이 모두 녹음된 반주.

언더독도 꺾이지 않는다

'개성'을 4세대 걸그룹의 가장 큰 특징으로 앞세워야 한다는 건 단지 현재 담론을 중심에서 이끌어 가고 있는 주요 그룹들만을 두고 하는 이야기는 아니다. 물론 이들의 뛰어난 활약 덕분에 4세대와 걸그룹을 동일 선상에 두고 이야기할 수 있는 기반이 만들어졌지만, 경향이란 결국 씬의 전반이 함께 움직이면서 생겨나는 흐름이다.

뉴진스, 에스파, 아이브, 르세라핌을 비롯한 4세대 걸그룹 활약의 연장선에서 가장 선전한 그룹이라면 역시 피프티 피프티FIFTY FIFTY와 하이키H1-KEY일 것이다. 2022년에 새롭게 등장한 이들은 서로 전혀 다른 색깔을 가지고 있었지만, 그러한 개성을 바탕으로 '좋은 음악'이라는 전에 없던 관점으로 케이팝을 바라보고 시작한 당대의 대중을 노래로 설득하며 케이팝의 중심으로 빠르게 파고들었다.

그룹 하이키는 건강미를 앞세운 데뷔 싱글 《ATHLETIC GIRL》 이미지를 고수했다. 〈ATHLETIC GIRL〉, 〈RUN〉 같은 노래 제목부터 뚜렷한 모티브를 중심에 두고 활동을 전개해 나가던 이들은 2023년에 데뷔 1주년을 기념해 발표한 앨범 《Rose Blossom》의 〈건물 사이에 피어난 장미 (Rose Blossom)〉가 발표 후 뒤늦게 관심을 얻으며 화제의 그룹이 되었다. 건강하고 힘차다는 기존의 이미지를 크게 버리지 않은 가운데 그로 인해 꺾이지 않고 몇 번이고 다시 일어나는 오뚝이적 서사를 노래에 담으며 대중의 큰 지지를 얻었다. 2023년을 대표한다고 해도 좋을 유행어 '중꺾마(중요한 건 꺾이지 않는 마음)'와도 재미있는 연결고리를 만들기도 했다. 음악적으로도 기존의 작곡진이 아닌, 록과 밴드 음악을 베이스로 활동하는 그룹 데이식스DAY6의 수많은 히트곡을 탄생시킨 작곡가 홍지상과 데이식스 멤버이자 작사에 특출난 재능을 가진 영케이를 영입해 색다른 변신을 꾀했다. 2023년 상반기를 대표하는 역주행 신화를 만들어낸 이들의 조화는 다음 앨범인《Seoul Dreaming》까지 이어지며 하이키 특유의 힘찬 에너지를 만들어냈다.

음악 스타일로 보나 가사 접근 방식으로 보나 가요적 특징이 돋보였던 하이키에 비해, 비슷한 시기에 센세이션을 일으킨 피프티 피프티의 경우는 음악 스타일과 마케팅 방식에 있어 국내뿐만이 아닌 해외를 동시에 공략하고자 하는 의지가 시작부터 눈에 띄었다.

2022년에 발표한 데뷔 EP《THE FIFTY》부터 네 사람의 목소리를 중심으로 한 과거지향적이면서도 소프트한 팝을 지향한 이들의 음악은 2023년 작〈Cupid〉를 통해 거대하다는 말이 부족한 파도를 몰고 왔다. 멀게는 도자 캣Doja Cat의〈Say So〉에 담긴 가상의 노스탤지어에서 가깝게는 뉴진스의 케이

케이팝 씬의 순간들

팝 이지리스닝 흐름까지 영민하게 담아낸 노래는 단번에 전 세계를 사로잡았다. 싱글 발매 당시부터 'Twin Ver'과 연주 버전 등 노래를 가지고 놀 수 있는 다양한 방식을 직접 제안한 〈Cupid〉는 틱톡 등 숏폼 콘텐츠를 중심으로 뜨거운 반응을 얻으며 데뷔 4개월 만에 빌보드 메인 싱글차트 핫 100에 그룹 이름을 올렸다. 이후 케이팝 역사상 그 어떤 그룹도 달성 못 한 속도로 새로운 역사를 써 내려가던 이들 앞에 성공의 속도만큼이나 가파른 내리막길이 기다리고 있을 거라고는 누구도 쉽게 예상하지 못했을 것이다. 노래가 승승장구하고 있던 2023년 6월 13일. 피프티 피프티 멤버들은 소속사 어트랙트에 전속 계약 가처분 신청을 제기했고, 이후 이어진 복잡하고 기나긴 법정 분쟁은 이들을 향한 대중의 시선을 사랑이 아닌 의심과 스트레스로 바꾸어 놓았다. 그룹은 소속사에 남은 일부 멤버를 중심으로 새로운 멤버를 영입해 다시 활동을 시작한다는 소식을 전했지만, 노래 〈Cupid〉의 성공으로 발발된 기나긴 분쟁은 케이팝의 짧지 않은 역사 가운데 손에 꼽을 정도로 비극적인 사건으로 오래도록 기억에 남을 것이다.

다행히 슬픔에 잠겨 있는 시간은 길지 않았다.

2023년 하반기에 데뷔한 키스오브라이프KISS OF LIFE와 영파씨YOUNG POSSE는 케이팝 4세대를 장악한 걸그룹의 기세가 만만치 않다는 걸 다시 한번 확인시켜 준 이름들이었다.

두 그룹의 공통된 특징이라면 명확한 시기를 타깃으로 한 감도 높은 흑인 음악과 그 어떤 장르 씬에 데려다 놔도 손색없는 실력이다.

「식스틴」,「아이돌학교」 등 다수의 아이돌 서바이벌 프로그램에 출연하며 케이팝 팬에 눈도장을 찍은 멤버 나띠를 비롯해 데뷔를 위해 오랜 시간을 준비한 네 사람으로 구성된 그룹 키스오브라이프는 데뷔 당시부터 뛰어난 실력으로 케이팝 팬은 물론 음악 전문가들 사이에서도 호평을 이끌었다.

데뷔작임에도 불구하고 멤버 각자의 솔로곡을 과감히 담은 구성을 선보인 앨범《KISS OF LIFE》는 나띠의 솔로곡 〈Sugarcoat〉를 중심으로 하는 2000년 초중반의 메이저팝과 가요 시장의 충실한 재현으로 주목받았다. 넉 달 만에 발표한 두 번째 미니 앨범《Born to be XX》에서는 더욱 깊어진 흑인 음악 감성과 데뷔 반년도 되지 않아 연말 음악 시상식에서 각자의 솔로곡을 완성도 높게 소화하는 멤버들의 재능이 입소문을 타며 키스오브라이프는 2024년에는 가장 주목받는 신인 그룹의 위치에 당당히 섰다.

뮤직비디오에서 앨범 소개글까지 '젠지력'으로 똘똘 뭉친 그룹 영파씨는 숏폼과 SNS 친화적인 이미지뿐만이 아닌 자신들이 추구하고 있는 힙합 씬에서의 뜨거운 반응으로 데뷔 초부터 입소문을 탔다. 프로듀서 키겐의 진두지휘 아래 일관성 있

케이팝 씬의 순간들

게 전개되고 있는 이들의 음악은 드릴에서 붐뱁, G-Funk까지 시대를 초월한 힙합을 2020년대를 살아가는 젊음만이 담보할 수 있는 가벼움과 위트로 소화하는 센스를 바탕으로 한다. 서태지와 아이들의 〈Come Back Home〉을 오마주한 2024년 작 〈XXL〉은 이들의 개성이 돋보이는 대표적인 곡이다. 영파씨는 이 곡으로 힙합 근본주의자에서 90년대 감성에 푹 빠진 젊은 리스너까지 두루두루 포섭하는 너른 포용력을 증명하기도 했다.

이렇게 다채로운 걸그룹이 4세대의 흐름을 선도해 나가는 가운데 한편 초조해진 건 보이그룹이었다. 걸그룹이 인기와 화제성까지 모든 면에 있어 4세대의 주도권을 잡아나가는 상황에서 3세대와 3.5세대에 등장한 인기 보이그룹의 기세는 꺾일 기미가 보이지 않았다. 이러한 현실은 4세대 보이그룹에게 갑갑하기만 한 노릇이었다. 2023년을 전후로 갑작스럽게 쏟아지기 시작한 청량한 이지리스닝 계열의 신인 보이그룹은 이러한 현실에 대한 고민을 바탕으로 한 케이팝 씬의 의미 있는 움직임이었다. 새로운 세대의 문을 열기 위한 뚜렷한 시작점을 만들 수 없다면 뉴진스를 비롯한 케이팝 이지리스닝 유행의 흐름 속에서 자신들만의 모멘텀을 만들어보겠다는 노력의 결과였던 셈이다. 그렇게 등장한 일련의 그룹들이 '5세대'라는 명칭을 스스로 부여했다는 점이 이러한 추측을 뒷받침한다. 아쉽게도 2024년 연말까지도 이들의 바람은 기대만큼 충족되지는 못한 모양새다.

멈추지 않는 4세대 걸그룹의 도전

2023년까지 뜨겁게 전개된 4세대 걸그룹의 거침없는 활약은 2024년에 들어서며 제2라운드를 맞이했다. 길지 않은 시간이었지만 마치 폭풍 같은 시기를 통과하며 케이팝 걸그룹은 이전 세대의 걸그룹과는 전혀 다른 위치에 서게 되었다. 4세대 걸그룹은 케이팝이 추구하고자 하는 거의 모든 추구미를 달성한 시대의 아이콘들이다.

4세대로 호명된 걸그룹 대부분은 열광적인 대형 팬덤을 보유함과 동시에 국내 차트는 물론 영미권을 비롯한 세계 음악 차트에서 좋은 성적을 거둔 히트곡을 한두 곡 이상 보유하고 있다. 심지어 같은 카테고리에 넣어 생각하기 어려울 정도로 뚜렷한 각자의 개성으로 대중과 팬을 자극할 만한 콘텐츠를 지속적으로 발산해내고 있다. 에스파와 키스오브라이프, 뉴진스와 영파씨 사이에는 비슷한 시기에 데뷔한 한국의 걸그룹이라는 것을 제외한 그 어떤 공통점도 찾을 수 없다. 그리고 그렇게 뚜렷한 자신의 빛으로 다음 걸음을 걷기를 멈추지 않고 있다. 2024년 상반기는 그런 4세대 걸그룹들이 활발한 활동을 선보인 시기이기도 했다. 이들에게는 신인그룹으로서 대중에 첫선을 보였을 때와 달리 이미 어느 정도 노출된 자신들의 매력과 전략을 바탕으로 다음 단계의 기선을 제압해야 한다는 새로운 미션이 있었다. 이 쉽지 않은 상황 속에서도 4세대 걸그룹은 자신의 몫을 또 한 번 제대로 해냈다. 에스파는 〈Supernova〉로 2024년 상반기에 최고의 히트곡을 낳은 가장 뜨거운 그룹이 되었고, 뉴진스는 한국 활동곡도 아닌 일본 데뷔곡 〈Supernatural〉과 〈Right Now〉로 한국 음악 차트는 물론 전 세계 음악 차트에서 뚜렷한 성과를 끌어냈다. (여자)아이들은 정규 2집 《2》의 수록곡 〈나는 아픈 건 딱 질색이니까〉로 기존과 전혀 다른 이미지의 또 다른 히트곡을 탄생시켰고, 키스오브라이프는 한결 가벼워진 여름 노래 〈Sticky〉로 2024년을 대표하는 여름 케이팝의 최강자로 떠올랐다.

최근의 케이팝 씬은 앞으로 이들로 인해 무엇을 보게 될지 감히 짐작되지도 않는 여전히 식지 않은 매력발산의 장이었다. 장담컨대 오랜 시간이 흐른 뒤, 케이팝 4세대는 걸그룹으로 시작해 걸그룹으로 끝난 시대로 정의될 것이다. 해가 갈수록 혼란스러워져만 가는 케이팝 시장에서 거의 유일하게 확신할 수 있는 미래 예측이다.

EP

FEARLESS

르세라핌
발매일 2022.05.02

르세라핌의 데뷔 앨범 제목인 'FEARLESS'는 그룹 르세라핌의 뿌리와도 같은 단어다. 르세라핌이라는 그룹명부터가 'I'M FEARLESS'를 애너그램해서 만든 신조어였고, 데뷔곡의 제목 또한 동일한 'FEARLESS'였다. '두려움 없는(FEARLESS)'은 그대로 그룹의 슬로건이 되어 음악, 이미지 등 활동 전반을 관통하는 핵심이 되었다.

앨범 《FEARLESS》의 첫 트랙 〈The World Is My Oyster〉은 상징적이다. 앨범마다 메시지를 함축한 인트로 트랙을 꾸준히 선보인 르세라핌은 자신들의 첫 출사표에 이런 문장을 적어냈다. "私は強くなりたい(나는 강해지고 싶어)", "世界を手に入れたい(세상을 손에 넣고 싶어)", "I am fearless(나는 두렵지 않아)". 여성, 청춘, 걸그룹, 멤버들이 데뷔 전 겪은 크고 작은 성공과 실패의 기억. 분명 꽃길만은 아니었던 이들의 실제 과거에서 길어 올린 힘 있는 메시지는 데뷔와 동시에 대중에게 르세라핌이라는 그룹의 이미지를 뚜렷이 각인시켰다. 케이팝 걸그룹으로서는 무척 드문, 거칠고 도전적인 출발 신호였다.

싱글

The Beginning: Cupid

피프티 피프티
발매일 2023.02.24

《The Beginning: Cupid》가 발표된 당시만 해도 피프티 피프티에 주목하는 이들은 그리 많지 않았다. 대부분 뉴진스가 쏘아 올린 케이팝의 이지리스닝 붐이 본격화되기 전, 유행과 가요적 감성을 재미있게 풀어낸 그룹이 등장했다는 정도의 언급이었다. 그런 인식 아래 이들이 발표한 싱글 앨범 《Cupid》에는 2020년을 전후로 인기몰이 중인 뉴트로 무드를 듬뿍 담은 멜로디에 멤버들의 친화력 높은 목소리를 얹은 포근한 저자극 노래들이 담겨 있다. 그런 〈Cupid〉가 발표된 지 얼마 지나지 않아 숏폼 바람을 타고 날개를 활짝 펼쳤다. 어떤 플레이리스트라도 어울리는 달콤한 팝 사운드, 숏폼 타깃으로 발 빠르게 준비한 영민한 마케팅 등 수많은 해석이 등장했지만, 이들이 거둔 놀라운 성과에 비하면 전부 빈약한 해몽에 불과했다. 피프티 피프티는 〈Cupid〉로 케이팝 걸그룹 최단기간 빌보드 핫 100 차트인, 빌보드 핫 100 차트 17위 등 정말이지 꿈같은 기록을 만들어갔다. 강제로 꿈에서 깬 건 그로부터 얼마 지나지 않은 날이었다.

EP

KISS OF LIFE

키스오브라이프
발매일 2023.07.05

질과 양 모든 면에 있어 상향평준화 된 케이팝 세상 속, 주목받는 콘텐츠를 만드는 건 날이 갈수록 어려운 일이 되어갔다. 대형 자본을 등에 업은 거대한 세계관과 눈이 시릴 정도의 압도적인 비주얼, 서바이벌 오디션 프로그램으로 거둔 화제성 등 메인 콘텐츠 이외의 부가적 요소 없이는 살아남기 어렵다는 평가가 대세를 이루던 2023년, 그룹 키스오브라이프가 등장했다.

데뷔작으로는 이례적으로 멤버 네 사람의 솔로곡을 각각 수록한 앨범은 각 곡에 어울리는 뮤직비디오를 차례로 공개하며 씬에 새롭게 등장한 루키를 향한 관심을, 키스오브라이프는 자신들이 가진 자원을 최대한 이용해 유도했다. 멤버들의 개성과 캐릭터를 살린 솔로곡과 뮤직비디오는 타이틀 곡 〈쉿 (shhh)〉으로 음악과 스토리 모두를 수렴하며 독특한 시너지 효과를 만들어냈다. 특히 나띠의 솔로곡 〈Sugarcoat〉를 중심으로 2000년대 초쯤에 지구상 어딘가에서 분명 저런 삶을 살았을 것만 같은 네 사람의 생생한 매력은 무대 위에서 그리고 이후 발표된 작품을 통해 성장하며 서서히 입소문을 탔다. 《KISS OF LIFE》는 컨템퍼러리 알앤비라는 뚜렷한 음악적 색깔을 기반으로 '실력파' 이름표를 당당히 따낸 이들의 자신감 넘치는 첫걸음을 확인할 수 있는 앨범이다.

싱글

ELEVEN
아이브
발매일 2021.12.01

LOVE DIVE
아이브
발매일 2022.04.05

After LIKE
아이브
발매일 2022.08.22

그룹 아이브의 초기 싱글 3부작 《ELEVEN》, 《LOVE DIVE》, 《After LIKE》는 '4세대'나 '걸그룹 붐'이라는, 어쩌면 흔한 케이팝 마케팅에 그칠 수 있었던 표현을 구체화한 대표적인 작품들이다. 프로젝트 그룹 아이즈원 멤버 출신으로 높은 인지도를 가진 장원영, 안유진이라는 두 멤버를 중심으로 결성된 이 6인조 걸그룹은 사랑하는 상대의 눈에 비친 나와 최종적인 사랑에 빠지는 극단적 나르시시즘으로 케이팝 팬은 물론 대중에게도 큰 지지를 얻었다.

'나'로 시작해 '나'로 끝나는 아이브의 서사는 자신을 바라보는 타인의 시선이 익숙하던 걸그룹의 일상에, 전에 없던 균열을 냈다. 그리고 이는 귀여움과 섹시 사이에서 진자 운동을 반복하던 동시대 걸그룹, 제작자 나아가 케이팝 팬들에게까지 큰 영향을 끼쳤다. 덕분에 이들의 초기작은 일렉트로팝을 기반으로 서늘함과 복고를 오가는 음악 스타일보다도 곡이 전하는 메시지 즉 가사 측면에서 더 많은 담론을 끌어낸 독특한 작품이기도 하다. 몽환을 치밀하게 담는 데 탁월한 강점이 있는 작사가 서지음과 함께 만들어낸 멋진 협업이었다.

장르로 만드는 케이팝,
장르를 사용하는 케이팝

2024년 3월, 하이브 산하 빌리프랩의 새 그룹 아일릿ILLIT이 데뷔 앨범인 미니 1집 《SUPER REAL ME》를 발표했다. 타이틀은 〈Magnetic〉이라는 곡으로, 설명에 따르면 플럭앤비Pluggnb와 하우스가 결합한 형태의 댄스 뮤직이라고 한다. 실제로 이 곡의 사운드 구성은 플럭앤비의 일부를 차용하고 있고, 그러면서도 기존의 플럭앤비가 지닌 트랩 리듬 대신 하우스 리듬을 가져와서 좀 더 경쾌하고 발랄한 느낌을 지니고 있다. 어찌 보면 카와이Kawaii라 불렸던 계열의 특징도 엿볼 수 있다.

플럭앤비는 뭐고, 카와이는 또 무엇인가?

드럼 패턴이 좀 더 날카로운 소리를 지니고 있고, 그에 반해 베이스 소리가 좀 더 무게감이 느껴지는 가운데 그 사이로 신시사이저 음향이나 고전적인 멜로디 악기의 소리가 좀 더 부드럽게 전개된다고 해서 플럭앤비라고 부른다. 플러그Plugg와 알앤비의 결합인데, 플러그를 설명하자면 힙합과 EDM의 하위 장르가 된 트랩을 설명해야 한다. 남부 힙합의 한 갈래로 나온 트랩이 변형되어 플러그가 된 것이기 때문이다. 카와이는 2010년대 후반에서 2020년대 초반까지 인터넷을 기반으로 한 서브컬처 영역에서 탄생한 전자음악의 한 사조이자 유행이었다. 비교적 짧게 쓰려고 노력했음에도 여기까지 이야기하다 보면, 아일릿의 데뷔 타이틀곡 하나 때문에 너무 많은 걸 설명하다 아일릿으로부터 꽤 거리가 먼 음악까지 이야기하게 된다.

결국은 서브컬처 계열의 한 장르로부터 스타일의 일부를 차용해 신선한 음악을 만들게 되었다는 이야기다.

포인트는 '서브컬처 계열의 한 장르'

뉴진스는 저지 클럽이라는 장르를 차용한 것으로 잘 알려졌고, 실제로 그 장르의 특징 중 일부를 활용해 자신들만의 색을 어느 정도 구축해냈다.

저지 클럽이라는 장르에 대해 설명을 하자면 그 이전에 생겨난 볼티모어 클럽에 관해 이야기해야 한다. 그리고 볼티모어 클럽에 관해 이야기하려면 마이애미 베이스, 브레이크비트를 빼놓을 수 없다. 케이팝과 사뭇 다른 이야기처럼 들리겠지만, 왜 일장연설을 푸는지는 먼저 음악에 관한 이야기부터 한 뒤에 설명하고자 한다. 우선 긴 시간에 걸쳐 알앤비라는 장르가 자리를 잡고, 이후 1973년도에 힙합이 탄생했으며 그때 지금까지 쓰이는 브레이크비트가 탄생했다. 말 그대로 곡 중 브레이크 구간에 등장하는 드럼이 만든 비트를 브레이크비트라고 했고, 특정 곡의 구간이 활용되면서 자연스럽게 힙합 음악을 형성했다. 이후 이 브레이크비트는 2024년까지 그 역할이 유효하게 적용되는 것을 넘어 돌고 돌아 유행처럼 음악 시장에 등장하고는 한다.

브레이크비트와 힙합 음악을 기반으로 꽤 많은 전자음악의 서브장르가 탄생했고, 그중 하나가 마이애미 베이스다. 전자음악 중에는 지역 이름을 기반으로 하는 것이 많은데, 그중에는 신시사이저와 드럼패드가 강하게 적용되면서도 제법 공격적이고 댄서블한 장르도 있었다. 볼티모어 클럽보다 먼저 탄생한 마이애미 베이스가 그랬고, 이후 볼티모어 클럽 역시 앞서 언급한, 어딘가 폭력적이라고 느껴질 만큼 거친 댄스 뮤직이었다. 물론 지금은 더한 것도 많다. 여기서 변형이 되어 좀 더 춤추기 좋고 독특하게 소리를 구성하기 시작한 게 저지 클럽이다. 저지 클럽은 1990년대 후반에 생겨나면서 2010년대에 한 차례 유행했고, 이후 최근 더 많은 사랑을 받는 중이다. 유행을 감지한 팝 아티스트들이 쓰기 시작해 뉴진스까지 닿게 되었고, 이제는 한국에서 케이팝이나 음악에 관심 있는 이들은 저지 클럽의 존재를 알게 되었다.

단순히 장르가 탄생한 맥락이 분절된 채 케이팝에 쓰였다고 해서 잔소리를 하는 것은 아니다. 하나의 장르를 한 그룹이 선점하고 표현하는 것은 최근 케이팝 내에서의 전략이기도 하다. 케이팝은 독특하게도 맥락의 분절을 세계적으로 이해받는 장르이자 문화다. 누군가는 그런 부분이 상당히 '케이(K)'스럽다고 꼬집기도 하지만, 맥락을 쌓을 필요가 없이 새로운 무언가로 과감하게 다음 챕터를 열 수 있다는 것은 엄청난 특징이자 장점이기도 하다. 온전한 전자음악 스타일을 선보이다가도 이후 발표하는 앨범에서는 힙합을 시도할 수 있고, 그러다가도 서정적인 발라드 넘버를 들려주기도 하는 것이 케이팝 그룹이다. 그리고 그러한 전환 자체가 허용을 넘어 오히려 다음에는 어떤 것을 들고나올지 기대하게 되는 요소가 되기도 한다.

앞서 이야기한 것처럼 하나의 장르를 콘셉트로 활용하며 장기적으로 가져가는 케이스도 있다. 일례로 에스파는 하이퍼팝 스타일을 가져가면서 그 영역의 대표주자로 자리매김하기도 했다. 하이퍼팝은 서브장르를 넘어 마이크로장르라는 명칭을 듣는데, 멜로디를 줄이고 기계음과 소리의 변형 등을 활용해 좀 더 극단적인 형태로 만든 음악을 일컫는다. 그래서 한 커뮤니티 혹은 레이블이 기조로 삼았던 스타일에 가깝다. 하이퍼팝이 SNS 등을 통해 인기를 얻으면서 에스파가 이 스타일을 차용했다. 내 생각에는 〈Savage〉가 그러한 갈래를 지니고 있다고 본다. 혹은 한 문화 안에 스며들기 위해 한 가지 장르를 그룹의 것으로 쓰기도 한다.

카드KARD는 꾸준히 댄스홀을 비롯해 라틴팝 스타일을 선보였고, 그 결과 실제로 남미에서 좋은 반응을 얻었으며 이러한 과정을 겪으며 자연스럽게 라틴팝의 트렌드에 맞춰 새로운 작품을 선보이는 중이다.

록은 어떤가. 팝 펑크라는 장르는 그린 데이Green Day부터 블링크-182Blink-182, 썸 41SUM 41을 거쳐 에이브릴 라빈Avril Lavigne이라는 인물들이 등장하며 한 시대를 풍미했는데 이는 케이팝에서도 한 차례 유행처럼 쓰였다.

최예나가 데뷔 직후 선보였던 곡들이 그 사례다. (여자)아이들도 록 스타일을 가미한 〈TOMBOY〉로 좋은 반응을 얻는 데 성공했다. 그 이전으로 가면 드림캐쳐Dreamcatcher가 있다. 드림캐쳐는 한동안 메탈을 본격적으로 음악에 담아내며 그룹의 정체성을 공고히 했는데, 이는 대중에게 이름을 알리는 데에도 긍정적으로 작용했다.

분절과 응용, 갑작스러운 현상일까?

간단하게 답한다면, 갑작스러운 일은 아니다.

브라운아이드걸스Brown Eyed Girls, 소녀시대를 지나 3세대를 거쳐 오게 되었다. 역사적인 순간이 있었다. SM엔터테인먼트는 한 곡 안에 여러 트랙*을 붙여 넣는 시도를 했는데, 이는 케이팝 음악에 엄청난 반향을 일으켰다.

---

*   흔히들 MR이라 부르는, 가창을 제외한 인스트루멘탈Instrumental 영역을 트랙이라고 부른다. 반대 개념의, 트랙을 제외하고 보컬이 부르는 멜로디를 탑라인이라고 한다.

요즘은 한 곡 안에 여러 스타일이 자연스럽게 녹아서 마디 단위로 트랙이 바뀌는 예는 없으나, 이러한 시도가 대중적으로 자리 잡는 과정을 통해 케이팝은 과감한 음악적 확장이 가능해졌다. 이제 흔히들 강한 정체성으로 이뤄진, 문화적 맥락이 깊이 자리한 장르인 힙합과 록도 케이팝에서는 요소로, 심지어 적극적으로 쓰인다. 이 과정이 자연스럽게 형성된 것만은 아니다. 그 안에서는 나름대로, 음악적 투쟁이라 불러도 좋을 과정이 있었기 때문에 지금의 케이팝이 어마어마한 확장 가능성을 쟁취할 수 있게 된 것이다.

케이팝에서는 맥락의 분절이 가능하다. 2부작, 3부작으로 구성되었던 작품은 얼핏 보면 맥락을 쌓아가는 것 같지만 큰 단위로 맥락을 분절한 결과다. 동시에 이는 무궁무진한 음악적 확장 가능성을 획득했다. 레게부터 메탈까지, 트랩부터 발라드 넘버까지 한곳에 모여 있는 음악 시장은 전 세계 누구도 상상하지 못했을 것이다.

거듭 말하지만, 이러한 과정은 쉽게 얻어지지 않았다.

문희준을 보라. 과거에는 록 음악을 아이돌이 한다고 하면 문제시되었다. 바비BOBBY를 보라. 아이돌이라는 타이틀과 래퍼라는 정체성은 결코 병행할 수 없다고 했지만, 결국 그는 장르 음악가로서 자리 잡는 데에 성공한다.

이제는 정체성을 넘어 장르는 하나의 요소처럼 쓰인다.

한때 퓨처베이스Future Bass라는 장르가 케이팝 내에 등장했던 적이 있었다. 2017년 전후로 구성되었고, 대표곡은 신화의 〈TOUCH〉이며 뉴이스트NU'EST도 이 장르를 적극적으로 선보인 바 있다. 퓨처베이스 역시 서브장르라기보다는 오히려 마이크로장르에 가깝다. 한 시기 유행처럼 등장했고, 강렬한 인상을 남겼으며 나름의 송폼 문법을 구축하는 데에는 성공했지만, 그 시기가 지난 이후 매우 느슨한 수준으로 유지되었기 때문이다. 그럼에도 케이팝은 퓨처베이스를 기록으로 남기는 데에 성공했다. 여기에 뭄바톤Moonbahton이라는 서브장르 역시 케이팝에서 한동안 쓰였다. 뭄바톤의 경우 장르 전체를 가져가기보다는 리듬을 차용한 케이스가 많았다.

(여자)아이들의 〈화(火花)〉가 대표곡 중 하나다. 이러한 장르의 차용은 3세대 이후 조금씩 확장되었다. 그 이전까지는 케이팝 시장이라기보다는 '가요계'라고 불렸고, 케이팝이라는 개념이 상대적으로 약했다. 당시에는 특정 작곡가가 민드는 스타일이 유행하기도 했고, 소위 말하는 '스타 작곡가'가 존재했다. 여기에 몇 개의 제한된 스타일 안에서 곡이 형성되기도 했다.

아이러니하게도 상업적 성과를 거두면서 케이팝은 음악적 다양성을 확보하고 있다. 상업적으로 성공할수록 음악은 진부해진다는 통념을 깨고, 케이팝은 어쩌면 이상적으로 보일 수도 있겠다 싶을 정도로 성장 중이다. 참여하는 작곡가, 작사가의 수도 늘어났으며, 그 안에는 해외 작곡가뿐만 아니라 싱어송라이터도, 래퍼도, 인디 음악가도, 심지어 자국에서 의미 있는 성과를 거두는 음악가까지 모두 참여 중이거나 참여했다. 그것을 구현하는 이들의 정체성은 또 다른 의미로 확장 중이지만, 음악적 정체성만 놓고 보면 케이팝은 단시간에 다양성을 확보한 셈이다. 물론 그 과정에서 어떤 식으로 성장을 이뤘고 그렇게 참여한 음악가들을 실질적으로 얼마나 존중했는지에 관해서는, 그리고 국내 음악 시장 전체의 다양성을 고민했는가에 관해서는 또 다른 문제이기는 하다.

앞서 이야기한 저지 클럽의 맥락을 가져와서 다시 설명하면, 최근에는 볼티모어 클럽을 비롯해 저지 클럽이나 드럼앤베이스 같은 형태의 전자음악이 단순히 콘셉트를 넘어 한 가지 기조나 방향이 되었다. 그러면서도 그러한 것들을 일시적인 현상처럼 사용한다. 그래서 다양성을 확보한다고 했지만, 상당히 휘발적이라는 점에서 결국 반쪽짜리 확보라고 평할 수도 있다. 해외 시장을 의식하면서 그러한 현상은 더욱 강해졌다. 분절된 맥락 안에서 소위 말하는 진정성Authenticity*은 전혀 중요

---

* 국내뿐만이 아니라 음악 안에서의 'authenticity'는 여러 시기를 거쳐 해외에서도 다뤄졌던 주제이기도 하다.

케이팝 씬의 순간들

하지 않다. 한 장르를 뚝심 있게 구현하는 소수의 몇 그룹을 제외하면, 어쩌면 정말 장르를 사랑하는 이들에게는 비판의 대상이 될 가능성이 크다. 반면 그렇기에 특정한 한 가지 장르를 그 그룹의 정체성으로 차용하고 가져갔을 때 얻을 수 있는 긍정적 평가도 크다.

과거 샤이니와 f(x)가 하우스 음악을 기반으로 한 전자음악을, 그리고 수록곡들도 알앤비를 기반으로 한 가지 결을 꾸준히 가져가며 긍정적인 비평을 얻었던 것처럼. 더불어 그렇게 했을 때 그룹의 색채도 뚜렷하게 인정받는다. 다만 그렇게 얻은 비평적 측면에서 평가를 얼마나 중요하게 여기는지는 각 그룹의 기획사가 고민할 일이겠지만.

도입부에 이야기했듯, 케이팝이 '서브컬처의 한 장르'를 '사용'하는 것은 서브컬처를 사랑하는 입장에서는 아쉬운 일이자 반가운 일이다. 마치 나만 알고 싶지만 그러면서도 나만 알기 아쉬운 것처럼, 케이팝을 통해 좋아하는 장르가 세상에 알려지면 관심 있게 지켜볼 수밖에 없다. 그 가운데 장르적 문법이나 미덕이 훼손되는 과정을 보면 자연스레 "나의 장르는 이런 것이 아니야"라고 외칠 수밖에 없는 것이다. 사실 장르가 문법처럼 사용되는 건 비단 케이팝만의 일은 아니다. 음악가의 연령이 어려지면서 어느 한 가지 장르의 길을 걷겠다는 이들은 자연스럽게 줄었고, 실제로 한 가지 장르만이 아닌 여러 장르로부터 영향을 받은 음악가들이 다수이므로 자연스럽게 그들이 만드는 곡은 여러 장르를 내포할 수밖에 없다. 한 음악가가 여러 장르를 선보이는 것은 비단 최근의 일만은 아니다. 데이비드 보위David Bowie부터 프린스Prince까지, 아니 그 이전에 재즈와 다른 장르를 섞기 시작한 시기부터 자신의 커리어 전체를 통해 여러 장르를 선보여 온 음악가들이나 몇 장르를 섞어 온 음악가들은 긴 시간 동안 존재해왔다.

다른 점이 있다면, 그것을 얼마나 인정받는지다. 커리어 전체를 통해 여러 장르를 선보여 온 이들은 실제로 그 많은 장르를 체화하고 표현했다는 흔적을 역력하게 보여준다.

최근은 심지어 그러한 기준 아닌 기준마저 많이 흐려졌다. 에드 시런Ed Sheeran이 댄스홀 리듬을 지닌 포크팝을 노래한다고 해서 비난하는 사람은 아무도 없다. 하지만 케이팝은 결국 제작 과정에서 생기는 창작자와 선보이는 자 간의 간극이 존재했다는 점에서 공격당하는 편이다. 요즘에야 그룹마다 곡을 쓰는 멤버들이 생겨나면서 그러한 부분이 오히려 '다양한 음악을 알고 그것을 활용해 곡을 직접 쓰는 멤버들'이라는 평가를 받으며 반대로 앞서 언급한 진정성의 측면에서 후한 평가를 받는다. 그럼에도 서브컬처의 장르가 사용된다는 것에 관해 좀 더 비판적인 고찰을 하자면, 아무래도 맥락의 분절 과정에서 서브컬처가 가지고 있는 문화마저도 분절된다는 점을 의식하지 않을 수 없지 않을까.

이제는 그러한 문화적 맥락마저 케이팝 안으로 가져오는 중이다. 일례로 이븐의 〈TROUBLE〉은 볼티모어 클럽을 (상대적으로) 가장 볼티모어 클럽답게 적극적으로 가져오면서 동시에 뮤직비디오에 BMX* 문화를 비롯해 그라피티까지 스트릿 문화를 잘 담아냈다. 단순히 콘셉트로 인용한 것일 수도 있지만 음악이 지닌 문화적 맥락을 잘 활용한 사례이기도 하다. 시간이 조금 지났지만, 2020년에 나온 여자친구의 〈MAGO〉 역시 디스코 스타일의 곡을 선보이면서 디스코 음악이 오랜 시간 만들어 온 비주얼 문화와 클리셰를 잘 활용하여 뮤직비디오를 제작하기도 했다. 이렇게 음악적, 문화적 이해라는 퍼즐까지 잘 맞춘 작품은 좀 더 많은 사람이 알아줬으면 하는 바람까지 생긴다. 하지만 여전히 절대다수의 곡과 뮤직비디오, 비주얼은 그렇지 않다. 점차 밀도 측면에서 나아지는 모습을 볼 수 있고 그런 측면에서 좋은 작품을 만날 가능성이 점차 높아지기는 하지만, 어쩐지 그렇게 정직하면(?) 케이팝이 아니라는 의견도 나올 것 같다. 그런 것들을 신나게 비껴가면서 독특한 맥락을 새

---

* BMX는 사이클 스포츠로, 스트릿 문화를 구성하는 요소 중 하나다. 에이셉 라키ASAP Rocky, 에이셉 퍼그ASAP Ferg, 타일러 더 크리에이터Tyler The Creator 등 여러 뮤직비디오나 일상에서 그런 문화와 장면을 보여준 바 있기도 하다.

롭게 탄생시키는 것이 케이팝만이 가진 장점이기도 하다. 여기에 한동안은 세계관이라는 존재가 뚜렷하게 등장하며 좀 더 곡의 성격이 요소처럼 쓰이기도 했다. 세계관의 분위기나 흐름, 혹은 특색에 맞춰 장르가 정해지는 경우도 있기 때문이다.

투모로우바이투게더만 봐도 그렇다.

《꿈의 장: MAGIC》에서 쓰였던 밝은 톤의 하우스 음악을 기반으로 한 앨범들과《혼돈의 장: FREEZE》에서 써온 록적인 색채,《minisode》시리즈를 통해 다른 장르로의 시도와《이름의 장: TEMPTATION》에서 드러낸 여러 색채의 합산까지, 결국 록이라는 맞는 옷을 찾는 과정이 있으면서 동시에 그 안에 여러 베리에이션까지 사실 이들의 디스코그래피에서 장르는 철저하게 이용되었다. 그런데 그것이 절묘하게 맞아떨어졌고, 심지어 세계관의 흐름과 멤버들의 성장 등 다른 요소들까지 더없이 잘 맞물리며 좋은 결과를 낳았다.

이 정도 완성도면, 장르가 이용당했다고 해도 오히려 그것을 잘했다고 평가할 수 있는 것이다. 그래서 장르가, 그리고 장르에 내포된 서브컬처가 이용당한다는 평가는 감히 함부로 할 수가 없다.

물론 특정 장르에 대한 애정이 강한 이들이라면 케이팝이 마음대로 재단하고 쓰고 버리는 것처럼 여길 수도 있지만 케이팝 자체가 지닌 '서브컬처적' 측면 또한 부정할 수 없다. 2차

창작을 비롯해 SNS에서 파생된 문화나 팬덤 고유의 문화 등 케이팝은 그 자체로도 이미 충분히 복잡하고 서브컬처적인 측면을 긴 시간 동안 유지해오고 있다. 그래서 이 문화 또한 나름대로 견고한 것이다. 문화와 문화가 이런 식으로 충돌하는 경우도 있지만, 오히려 이 과정에서 논의는 더욱 복잡해지기 마련이다.

케이팝에서 장르는, 특히 알앤비는 중요하다.

SM엔터테인먼트는 현진영과 유영진을 소속 음악가로 선보였을 때부터 알앤비 음악을 해왔고 YG엔터테인먼트는 지금까지도 공개적으로 힙합, 알앤비를 메인으로 다루고 있는 레이블이다. 파생된 더블랙레이블도 마찬가지다. 그래서 이들이 데뷔시킨 베이비몬스터BABYMONSTER나 미야오MEOVV 역시 힙합, 알앤비를 다룬다. 하이브는 여러 레이블이 합쳐져 있기 때문에 조금 다르겠지만, JYP엔터테인먼트만 해도 트와이스 이전까지는 알앤비라는 정체성을 강하게 가져가고는 했다. JYP엔터테인먼트의 설립자이자 대표 프로듀서인 박진영이라는 음악가 자체가 이미 알앤비를 선호하고 또 자기 커리어에서도 내내 선보여 온 만큼 그런 부분은 반영될 수밖에 없었을 것이다.

다만 최근 들어서는 힙합이라는 장르가 다시 강세를 보이고 있고, 2024년에 들어와서는 다시 래퍼 포지션의 멤버가 그룹 내에 늘어나는가 하면 강하고 센 음악을 지향하는 케이스도 레이블을 불문하고 늘어나고 있다. 이는 보이그룹만 해당되는 것이 아니라 앞서 이야기했던 베이비몬스터부터 영파씨, 배드빌런BADVILLAIN까지 최근의 흐름에도 해당된다. 이러한 변화에는 에이티즈나 스트레이 키즈가 북미 음악 시장에서 큰 성공을 거둔 것도 영향을 줬을 것이다. 그 맥락에서 북미 음악 시장의 선호나 해외 음악 시장 내에서 강세인 장르의 영향도 받고 있다. 그래서 에이티즈부터 키즈오브라이프까지 아프로비츠Afrobeats*에서 영향을 받은 곡을 낸 바 있다.

새로운 장르라는 타개책

다시 돌아와 이야기하면, 이제 케이팝은 특정 장르를 기반으로 갖추고 있고 또 그 안에서 범주를 넓히는 편이다. 기본적으로 지금의 케이팝 곡들은 일렉트로닉 장르를 중심으로 한 트랙에 알앤비 형태의 탑라인을 갖추고 있다. 여기서 일부 보컬의 창법이나 스타일, 콘셉트 등에 따라 조금씩 변화는 있지만

---

* 서아프리카를 중심으로 생겨난 새로운 흐름이자 장르. 뚜렷한 음악적 특징보다는 댄스홀 스타일에 좀 더 아프리카 리듬이나 퍼커션percussion을 반영하고 중남미 장르의 속성까지 흡수했다. 과거 아프로비트로 불렸던, 펠라 쿠티Fela Kuti가 만든 장르와 구분되어 쓰인다.

3세대 이후 절대다수의 케이팝은 이 공식에서 크게 벗어나지는 않는다. 힙합, 알앤비 리듬을 가진 경우도 있지만 곡의 구성 방식에서는 메인이 되는 후렴이 등장하기 전 빌드업 방식으로 긴장을 고조시킨다거나 각 구성의 길이가 짧다는 점, 한 가지 이상의 훅을 지니고 있어 그 존재감을 키우는 등의 일렉트로닉 음악에서 주로 만나볼 수 있는 구성 방식은 어떤 리듬을 쓰는가를 떠나 유지되는 편이다. 이러한 암묵적 룰이 증가하면서 케이팝 음악은 경쟁력을 갖추기 위해 색다른 장르를 찾아 나서며, 유행에 민감하게 반응하기도 한다. 더불어 제작하는 입장에서도 경쟁력 있는 레퍼런스를 갖춰야 할 수밖에 없다. 물론 어느 정도 시류에 편승하는 것도 필요하지만, 결국 수많은 그룹과 컴백 사이에서 눈에 띄고 살아남기 위해서는 새로운 장르라는 타개책도 중요해진 것이다.

여기에 장르적 레퍼런스나 유행을 명확하게 짚은 레퍼런스는 제작 과정에서도 그 방향이 명확해지므로 긍정적으로 쓰이기도 한다.

결국 원하는 곡, 좋은 곡을 획득하기 위해서는 앨범의 콘셉트와 가져가고 싶은 음악적 색채 등이 구체적으로 명시되어야 하는데 장르는 그 긴 설명을 줄일 수 있는, 동시에 새로운 영감을 줄 수 있는 하나의 묘수다. 하지만 그 과정에서 해당 장르를 잘 쓰는 작곡가를 찾아 나서기보다는 결국 케이팝을 전문으로 하는 작곡가에게 그 기회가 가거나, 혹은 각 회사가 지닌 네트워크 내에서 해결하고자 한다는 점은 음악 전체를 바라보고 즐기는 입장에서 조금 아쉬울 때도 있다.

뉴진스가 저지 클럽을 활용한 곡을 썼을 때, 저지 클럽이라는 장르의 초기 파이어니어 중 한 사람이자 여전히 활동 중인 디제이 슬링크DJ Sliink가 직접 뉴진스의 곡을 리믹스해서 인터넷상에 공개한 바 있다. 여러모로 흥미로운 순간이었는데, 개인적으로 저지 클럽의 권위자로 불리는 그가 직접 그 당시 뉴진스의 저지 클럽을 함께 썼다면 어땠을까, 마케팅적으로나 음악 시장 내에서 이야기가 오가는 정도가 조금 더 달라지지 않았을까 하는 괜한 아쉬움이 들었다. 사실 디제이 슬링크가 관심을 가지지 않았다면 그런 생각조차 들지 않겠지만 말이다.

뉴진스의 사례는 케이팝은 이제 그만큼 글로벌 음악 시장에서 영향력을 지니는 존재가 되었다는 것의 방증이기도 하며 너무나도 결과론적인 '만약'에 불과하지만, 〈Ditto〉라는 선공개 싱글과《Get Up》앨범을 내기 전의 뉴진스와 지금의 뉴진스가 또 다르기도 하지만 음악을 두루 좋아하는 이들이라면 놓치지 말아야 할 순간이었다.

케이팝을 제작하는 입장에서 장르는 그래서 비교적 명쾌한, 상대적이지만 오해가 적은 언어로 쓰이기도 하지만 좋은 작곡가를 찾을 수 있는 하나의 통로이기도 하다.

2023년, 영미권 팝 스타 두아 리파Dua Lipa가 선보인 〈Houdini〉에 하이퍼팝 계열을 이끈 대니 엘 할Danny L Harle이 참여했다. 북미팝 음악 또한 마찬가지로 과거의 제작 방식을 벗어나 케이팝 못지않게 외부의 신선함을 끌어들여 새로운 무언가를 만들어내려고 한다. 팝 음악 작곡가나 팝 아티스트가 케이팝에 참여하기도 하지만, 그러한 이들이 실제로 케이팝에 큰 관심을 표하기도 한다.

개인적으로 대니 엘 할과 2017년도에 『레드불 미디어』를 통해 텍스트 인터뷰를 한 적이 있다. 이때도 그는 케이팝 문화와 극단적인 프로덕션에 관심을 보이며, 블랙핑크와 레드벨벳 Red Velvet, f(x)와 같은 그룹을 언급했다. 더불어 "서부의 음악이 이런 아이디어를 좀 더 받아들였으면 한다"며, 케이팝이 기존의 음악적 형태를 바꿀 것이라는 예언도 덧붙였다. 대니 엘 할의 예언은 2022년과 2023년을 지나 마침내 현실이 되었다. 그래서 다양한 음악가들과 케이팝의 협업을 감히 제안해본다.

케이팝은 새로움이 자연스럽게 통용되고 또 그것이 쉽게 용인되며 심지어 새로운 무언가를 가져와도 흥미를 가지고 재미를 느끼는 팬덤이 존재한다. 아일릿이 플럭앤비와 하우스 리듬을 섞어 곡을 제작했을 때 이만큼 사람들이 좋아하는 건, 전 세계 음악 시장을 통틀어 봐도 유례없는 현상인 건 분명하다.

콘크리트층이라 불리는 공고한 장르 음악 팬덤, 혹은 긴 시간 동안 자신의 업력을 쌓아 온 스타플레이어의 팬덤, 혹은 상업적으로 큰 성공을 거둔 이들의 안정적인 프로덕션이 성공을 이끄는 것이 아니라 이제는 반대로 사람들의 호기심과 관심, 사랑이 뒷받침되고 레이블의 안정적인 역량과 팬덤의 신뢰를 바탕으로 케이팝은 끊임없이 새로운 시도를 할 수 있는 것이다.

장르를 이렇게 쓰고, 또 다양한 장르가 쓰인다는 것은 호불호를 매길 수 있는 것이 아닌 이미 진행 중인 현상이다. 그 가운데 장르가 정말 '소모품처럼' 쓰이는지에 관해서는 좀 더 생각해볼 만한 문제지만, 지금까지 다양한 장르를 써온 것은 물론 냉정하게 케이팝에서 쓰인 장르 중에는 실제로 그리 긴 수명을 지니지 못한 장르가 있다는 점도 함께 생각해볼 문제다.

다만 지금까지 이야기를 풀었듯, 케이팝 음악 시장 자체에는 긍정적인 영향을 끼치는 중이다. 그래서 케이팝 안에서 장르가 어떤 의미를 지니는지에 관해서 빠르게 결론을 내리기는 어려우나, 좀 더 현상을 있는 그대로 지켜보는 것은 어떨지 조심스레 권해본다. 당장에는 비판을 받아도, 전 세계 음악 시장 전체에 긍정적인 영향을 끼칠 수 있지 않을까.

이야기를 마무리하는 차원에서 추가하자면, 솔로 음악가에게 장르는 또 다른 문제다.

여기서는 좀 더 진지하게, 그리고 무게 있게 이야기해볼 필요가 있다.

물론 그렇다고 해서 모든 솔로 음악가가 한 가지 장르를 가져가라는 것은 아니다. 솔로 아티스트로도 좋은 케이팝을 선보이고 있고, 다른 장에서 이야기하듯 케이팝과 팝의 경계를 무너트리는 데에 일조 중이기 때문이다.

다만 솔로로서는 장르 자체가 하나의 선택지이자 뚜렷한 정체성이 될 수도 있다. 록 음악을 집중적으로 해온 김성규도, 발라드를 추구하는 조규현도, 동시에 좋은 팝 음악을 선보이고 있는 청하, 지효까지 솔로 음악가라고 해서 케이팝과 온전히 거리를 둬야 하거나 온전히 별개로 생각해야 하는 일은 아닐 것이다. 지금까지의 케이팝 씬을 생각해보면 오히려 솔로 음악가에게는 좀 더 섬세한 접근과 그룹과 분리하지 않으면서도 온전히 개인의 커리어를 살펴보는, 다층적이고 복합적인 분석이 필요했다.

그룹 활동을 가져가면서 솔로로 자신의 음악을 선보이는 것은 결코 쉬운 일이 아니다. 하지만 그만큼 아티스트에게 의미 있는 활동이 될 수 있지 않을까. 물론 아닌 케이스들도 있다. 오마이걸OH MY GIRL의 유아가 펼쳐내는 다양한 색채도 다소 역설적으로 들릴 수 있겠지만 결국 오마이걸의 유아가 있기에 더욱 의미 있게 다가오는 것이다.

이렇게 긴 이야기를 펼치고 조금은 허무하게 마무리하는 것일 수도 있지만, 2024년 1분기에 많은 사랑을 받은 곡으로 투어스의 〈첫 만남은 계획대로 되지 않아〉와 (여자)아이들의 〈나는 아픈 건 딱 질색이니까〉가 있었다.

누군가는 장르에 관해 진지하게 고찰하고, 음악적 색채와 전략을 묶어서 고민하지만 그러면서도 결국은 듣기 편안하고 좋은 팝 음악이 때로는 성공을 거두기도 한다.

케이팝은 그만큼 속된 말로 잘 될 수 있는 계기가 어느 한 가지가 아니며, 쉽게 흥행 여부를 장담하기 어렵다. 다른 분야의 상업적 작품도 상황은 비슷하겠지만, 그럼에도 우리는 여전히 새로운 것에 관심을 가지고 또 그로 인해 또 다른 최애를 만나기도 한다. 그만큼 다른 측면에서 보면 "어떤 음악이 잘 되었다"고 하는 것은 결과론적인 이야기이기도 하며, 그렇기에 케이팝도 좋은 음악이 전제되어야 한다는 당연한 명제가 이뤄져야 한다는 것이다. 그 안에서 장르는 방법도, 이용 수단도 아닌 하나의 전략이자 타개책이다.

어느 그룹이 다른 그룹의 파이를 침범하는 것이 아니라 모두가 전 세계를 타깃으로 얼마나 더 많은 관심을 이끄는 데에 성공할 것인지 아닌지가 중요해진 지금, 다양한 서브컬처의 장르는 이제 케이팝의 레이더 안에 언제든 들어올 수 있게 되었다. 일부 산업적 측면에서 케이팝을 바라볼 때 플랫폼을 언급하는 이유도 그런 면에서는 동의하는 바다. 누군가는 케이팝 덕분에 처음으로 플럭앤비의 존재를 알게 되었을 테니까.

다만 그래서 플럭앤비가 산뜻한 장르라고 오해하는 부분을 줄여가는 것도 케이팝이 지닌 과제 중 하나가 아닐까?

EP

Target: ME
이븐
발매일 2023.09.19

《Target: ME》는 올드스쿨 힙합을 비롯해 전체적으로 보이그룹의 콘셉트로서도 충분히 좋은 대안이었고, 비록 뒤에 나온 미니 2집과 3집은 상대적으로 1집에 비해 뾰족함의 측면에서 아쉽기는 하나 훨씬 더 많은 팬과 만나고 싶어서 택한 방향이 아니었을까 싶다. 1집의 타이틀곡 〈Trouble〉은 볼티모어 클럽이라는 생소한 장르를, 장르가 가진 맥락을 함께 담아 선보였기에 좀 더 의미 있는 기록으로 남아야 하는 작품이다. 미니멀하면서도 충분히 공격적이고 리드미컬한 것이 볼티모어 클럽의 특징인데, 그 부분을 〈Trouble〉은 적극적으로 살렸다. 최근 들어 드롭drop의 형태로, 그러니까 전자음악 내에서 주로 들을 수 있는 — 보컬이 없으면서도 강한 인상을 남기며 트랙이 바뀌는 구조의 — 후렴을 만들어낸 것이 굉장히 유효했다. 여기에 뮤직비디오에서 볼티모어 클럽의 문화적 측면과 강하게 연결된 서브컬처적인 요소(그라피티, BMX 문화)가 함께 있어서 더욱 매력적이었다. 케이팝에 내심 기대하면서도 좀처럼 기대하지 않는 '맥락'이라는 것까지 함께 가져가서 좋았다. 물론 장르 음악과 비주얼은 떼어놓을 수 없지만.

정규

BORN PINK
블랙핑크
발매일 2022.09.16

EDM 트랩 계열의, 그러면서도 힙합과 긴밀하게 연결된 것이 블랙핑크의 음악이다. 곡마다 조금씩 차이점이 있기는 하나, 크게 보았을 때는 이 구성에서 벗어나지 않는다. 이미 많은 이들이 트워크 트랩twerk trap° 리믹스를 선보인 바 있듯 블랙핑크는 이미 하나의 장르 안에 있다는 인식이 존재한다. 그만큼 자신들의 사운드를 뚝심 있게 가져갔고, 그것이 굉장한 효과를 거두었다. 〈Kill This Love〉, 〈How You Like That〉으로 이어지는 EDM 트랩과 힙합, 팝 사운드 사이의 어느 지점을 정확하게 겨냥한 이들의 곡은 그들의 비주얼, 퍼포먼스와 퍼즐처럼 딱 맞춰졌고, 미국 음악 시장에서 큰 인기를 얻는 데에 기여했다고 생각한다. 그것이 블랙핑크가 완성시킨 그들만의 팝 음악이 아닐까.

다만 2NE1의 작품에서도 어느 정도 접할 수 있었던 문법이기 때문에 그에 관해서는 좀 더 생각해봐야 할 여지가 있다. 아무래도 YG엔터테인먼트 자체가 특정 장르를 강하게 선보여왔으므로 이 이야기를 할 때 빼놓을 수 없기도 하다.

° 기존 트랩 장르와 달리 상대적으로 빠른 BPM으로 훨씬 댄서블한 형태의 문법을 가져간다.

케이팝 씬의 순간들

ICKY
카드
발매일 2023.05.23

카드는 시작부터 댄스홀을 비롯해 뭄바톤 등 중남미 장르를 쓰며 라틴팝을 직접적으로 겨냥했다. 이후 완성도 높은 라틴팝을 선보이고 있으며 지금까지 디스코그래피를 유지하고 있다. 처음에는 일종의 콘셉트처럼 느껴졌지만, 이후 남미 음악 시장의 사랑을 받는 가운데 본인들도 이러한 계열의 음악을 멋지게 소화해냈다. 이들의 디스코그래피는 전체를 순차적으로 다 들어보면 더 그렇다. 초반보다 오히려 후반에 접어들수록 장르 음악에 가까워지는데, 사실 다른 앨범들보다 이 앨범 하나만 주목해도 된다. 바로 앨범 《ICKY》다. 단순히 좀 더 자극적이어서, 멤버들의 수록곡이 있어서 그런 것만은 아니다. 오히려 멤버들이 쓴 곡이 가장 장르적 색채가 매력적으로 드러나며, 타이틀곡도 좋지만, 유닛 곡인 〈Fxxk You〉, 〈Been That Boy〉, 그리고 〈CAKE〉로 이어지는 세 곡은 필청 곡이다. 하나의 그룹이 하나의 장르를 대표하고, 이어 하나의 새로운 영역을 개척하는 것을 넘어 케이팝 역사에 남을 무언가를 만들어냈다. 그래서 흥미롭고, 그래서 응원한다. 단순히 의미만 좋았으면 응원하지도 않았다. 카드는 자신들이 직접 만든 훌륭한 곡으로 다음 챕터를 만들 수 있는 준비를 모두 갖췄다.

I NEVER DIE
(여자)아이들
발매일 2022.03.14

팝 펑크, 혹은 록이라는 것을 타이틀곡 〈TOMBOY〉로 적극적으로 드러내면서 (여자)아이들은 자신들의 입지를 단숨에 다시 정립했다. 케이팝곡에서 욕설을 비프 사운드로 처리한 것도 흥미롭지만, 강렬한 록 사운드를 곡 전면에 내세운 것도 주요한 성공 요인이었다. (여자)아이들이 앨범 발매 전후로 멤버가 탈퇴하는 변수도 있었기에 이들이 그걸 어떤 식으로 타개할 것인지 자체가 이미 관심사였다. 한마디로 이들은 부담을 안고 새 앨범을 발매했다. 케이팝에서 록이라는 건 독특한 지점에 있다. 과거 문희준은 록 음악을 지향한다는 이유만으로 비난을 들어야 했고, 과거 밴드형 아이돌은 그 음악성 자체를 평가받지 못했다. 시간이 지나면서 드림캐쳐의 메탈, 데이식스와 엔플라잉N.Flying의 성장, 최예나의 팝 펑크까지 록 음악은 이제야 다른 장르와 공평하게(?) 케이팝 내에서 요소로 쓰인다. 사실 프로듀서 팝타임이 록의 색채를 쓴 것이 처음은 아니며, 블락비Block B의 〈Very Good〉과 같은 곡도 있지만, 이 곡에서 좀 더 장르적 면모를 잘 쓰는 듯하다.

내 최애보다 지구가 핫해지고 있어*

*   케이팝포플래닛의 표현을 변형해 인용했다.

케이팝포플래닛KPOP4PLANET은 2021년에 시작된 케이팝 팬덤 무브먼트다. 이들은 스스로를 "기후위기에 대항하기 위해 케이팝 팬들이 조직한 플랫폼"이라 스스로를 소개하고 있다. 가장 잘 알려진 캐치프레이즈는 "죽은 지구에 케이팝은 없다"일 듯하지만 이들의 언어에는 흥미로운 표현들이 더 있다. "지구가 내 최애보다 핫해지고 있다"는 표현 같은 것이 그렇다.

이 중에는 누구의 팬인지를 밝히고 있는 활동가도 있다. 종종 해시태그를 널리 퍼뜨리기 위해, 해시태그와 함께 각자 최애의 영상을 업로드하는 이벤트를 열기도 한다. 그래서 이들의 해시태그들은 그저 유쾌하고 (대체로) 보기 좋은 아이돌 영상들로 도배되는 와중에 간간이 메시지가 담겨 있고는 하다. 자신들이 케이팝 팬덤에 뿌리를 두고 있음을 분명히 하는 셈이다.

케이팝포플래닛이 대중의 관심사로 부상한 건 용산 하이브 사옥 앞에서 벌인 음반 반납 시위 이후일 것이다. 음반 패키지가 과도하고, 그것을 팬들이 대량으로 구매하도록 유도함으로써 기후위기를 촉진하고 있다는 것이 이들의 주장이었다. 케이팝포플래닛은 음반 구매에 있어 보다 친환경적인 선택지를 요구하며, 쓰레기로 버려지는 음반을 생산자에게 반납하는 시위를 벌인 것이다. 이후 이들은 명품 브랜드의 그린워싱, 스트리밍 플랫폼의 RE100 이행 요구 등으로 어젠다를 확대하며 활동하고 있다.

사실 음반 패키지는 케이팝의 중요한 매력 포인트 중 하나이기도 하다. 2018년도에는 그래미 어워드Grammy Awards가 방탄소년단의 《LOVE YOURSELF 轉 'Tear'》를 '베스트 레코딩 패키지' 부문 후보에 올리기도 했다.

미국 음악 산업은 케이팝이 (혹은 방탄소년단과 아미가) 보여준 폭발적인 화력에 깊은 관심을 보이며 그 매력적인 차별점을 분석하고자 했다. 유튜브에 언박싱 영상이 쏟아지게 하는 케이팝 특유의 화려하고도 풍성한 음반 패키지도 예외가 아니었다. 이미 2000년대 초반부터 CD가 사양세로 접어들고 다운로드 음원마저 구시대의 것이 되었는데, 더구나 세계에서 가장 빠르게 무제한 음원 스트리밍 서비스가 상용화된 한국*에서는 더 말할 것도 없다. 그런 나라가 관뚜껑 속 CD를 끄집어내 눈부시게 팔아치운다니…… 이 기이한 산업에 지대한 관심이 쏠릴 수밖에 없었다. 그러나 그것이 대량의 무의미한 폐기물을 양산할뿐더러 팬들로 하여금 그에 적극적으로 동참하지 않을 수 없게 하는 어두운 면도 있는 것이다.

팬덤의 집단행동이 언론의 관심사가 된 전례는 더러 있다.

---

* 무제한 음원 스트리밍은 벅스가 1999년, 정액 요금제는 멜론이 2000년에 시작했다. 판도라Pandora가 구독제 음원 스트리밍을 정식 서비스한 것은 2005년, 스포티파이Spotify가 미국에서 광고 기반의 스트리밍 서비스를 시작한 것은 2011년이었다.

그러나 케이팝포플래닛은 사회적으로 상당히 호의적인 반응을 얻은 편이다. 언론의 보도량 자체도 눈에 띄게 많았고 논조도 호의적이었으며, 관련한 후속보도나 칼럼도 적잖이 등장했다. 이들은 같은 해 11월에는 국회에서 열린 '지속가능한 K엔터사업 간담회'에도 참석하고, UN 기후변화협약당사국총회에서도 발언했다. 케이팝 업계에서도 친환경 정책 언급이나 보고가 잇따랐다. 케이팝 팬덤의 목소리가 이 정도로 주목을 받고, 어느 정도 수용되는 제스처까지 끌어낸 일은 이례적이다.

모든 것을 성과 위주로 환원하고 싶지는 않지만, 케이팝이 또 그런 세계 아니겠는가. 또한 케이팝포플래닛의 성과에 분명 인상적인 데가 있는 것도 사실이다. 팬덤의 목소리가 유난히 받아들여지지 않는다고 여겨지는 게, 혹은 적어도 팬들은 자주 그렇게 느끼도록 하는 게 케이팝 산업이기 때문이다.

팬덤의 목소리

사실 그동안 팬들의 요구가 수용된 적이 없다고 한다면, 좋게 보아도 다소 과장이라 할 수밖에 없을 것이다. 이를테면 어떤 기획사는 아이돌 그룹 멤버에 유동성을 도입하고자 적어도 2000년대 후반부터는 물 위에서까지 보일 정도의 시도를 했는데, 약 15년이 지난 2023년까지 이를 본격화하지 못했다.

그 이유야 여러 가지가 있겠지만, 전하는 이야기에 따르면 매니저의 것으로 오인당한 아이돌의 차량이 파손되는 일까지 일어난, 팬들의 거센 시위도 있었다. 물론 어떤 아이돌은 팬들의 시위로도 멤버 방출을 막을 수 없었고…….

그러나 사업적 가치가 있(을 듯 보이)는 결정이라도 그것이 팬들의 니즈에 정면으로 배치된다는 게 어느 정도 입증될 때는 물러서는 일도 있는 것이다.*

그럼에도 케이팝 산업은, 특히 팬들 사이에서는, 아무튼 기획사가 팬의 말을 안 들어주는 게 당연한 풍토로 여겨지기도 한다. 팬들의 정당한 요구가 묵살되거나, 팬들이 골칫덩이 취급이나 받으며 길바닥에서 푸대접받는 일들은 너무나 비일비재하다. 2024년에도 연예인 과잉경호로 팬이 불쾌감을 넘어 신체적 피해를 보는 사례가 여러 번 발생할 정도니 말이다. 그나마 많이 좋아지기는 했으나, 공연장이나 이벤트 현장에서 팬들의 입·퇴장 진행도 여전히 고압적이고 통제적인 경우가 많다. 종종 임영웅이 상암월드컵경기장에서 관객들을 극진히 대접하고 배려했다는 '미담'과 대조를 이뤄 허탈함을 표하는 아이돌 팬들이 속출할 지경이다. 주된 소비자들이 찬밥 신세라니

---

* 여기서 아티스트와 팬덤을 구체적으로 거명하지 않는 것은, 행여 어떤 팬덤은 노력했기에 목적을 달성했고 어떤 팬덤은 그렇지 않았다는 식의 불행한 오독을 피하고자 함이다.

케이팝 씬의 순간들

너무 기이한 일이라, 어쩌면 혹시 이런 게 있어야 케이팝이 돌아가는 어떤 비밀 메커니즘이라도 있는 건 아닐까 싶을 정도다. 그러니까 팬들의 원한이 우주적 층위에서 수집되어 에너지화하면 엔터사 직원들이 야근해도 지치지 않는다든지 말이다.

그래서 2016년경, 케이팝 산업과 팬덤의 역학에 관심을 둔 이들이라면 설레는 긴장을 갖지 않을 수 없었을 것이다. 물론 그 때로부터 8년이 흐른 지금도 산업의 불통이 지속되고 있음을 생각하면 또다시 아찔하게 허탈해지기도 한다. 팬덤이 '페미니즘 리부트'와 세계 팬덤의 교차점 위에서 이런저런 '피드백을 요구합니다'를 쏟아내기 시작한 시기였다. 잘나가는 래퍼라서 야한 여자들을 끼고 논다든지, 사랑하는 여성을 세워두고 손으로 벽을 친다든지 하는, 관행처럼 등장하던 클리셰들이 팬덤의 지적에 의해 불과 며칠 사이에 수정되는 일의 연속이었다. 우익으로 지목된 일본인 프로듀서나 성폭력 사건 연루 아티스트의 참여 거부 등도 이뤄졌다. 이미 공개된 뮤직비디오를 수정한다거나 발매된 음원의 가사를 얼른 재녹음해 교체한다든지 하는, 디지털 플랫폼 시대 이전에는 상상도 할 수 없었던 일들도 일어났다.

세계 팬덤이 성장하면서 해외 팬들과의 교류가 활발해진 영향도 있다. 국내 팬덤은 민감한 주제에 대해 발언을 삼가는 경향이 있었는데, 이 같은 맥락을 충분히 경험하지 않고 팬덤에서 발언력을 갖게 된 해외 팬들이 보다 분방하게 의견을 표출해왔기 때문이다. 이 때문에 "눈치 없다", "개념 없다"는 멸시도 있었던 게 사실이다. 다만 해외 팬 블로그 등에서는 이미 2000년대부터 케이팝 콘텐츠에 대한 정치적 분석이 상당히 일반화되어 있었고, 특히 성적 대상화를 포함하는 여성혐오 문제나 소수자 차별, 문화적 전유 등은 단골처럼 등장해온 비판점이었다. 이에 국내 팬덤에서도 이 같은 목소리를 내는 팬들이 점점 늘어나게 됐다. 이를 한국 팬덤이 해외 팬덤에 의해 정치적으로 개안했다고 보기보다는, 팬덤 내부에서 정치적 의제 발언이 서서히 해금되었다고 하는 편이 옳을 듯하다. 이 과정에서 속칭 '까빠*'라는 부류가 멸시와 분쟁 속에 성장하면서 분투하기도 했다.

그러나 케이팝과 팬덤은 이미 부인할 수 없이 정치적으로 되었다. 케이팝 세계 팬덤이 급속도로 성장하고 대중음악 산업 전체의 주목을 받게 된 과정 자체도 정치와 무관하지는 않기 때문이다. 2017년, 미국에서 트럼프의 대통령 당선 이후 인종주의적 분위기가 형성되면서 이에 반발하는 문화계와 리버럴들이 찾아낸 해답의 하나를 케이팝으로 볼 여지가 있는 것이

---

* 아티스트를 욕하거나 비판하는 팬이라는 의미의 멸칭. 한동안은 위장한 안티 팬으로 여겨지거나 양자의 개념이 혼용되기도 했다. 팬덤의 의사소통에 익명 플랫폼들이 자주 관여되다 보니 팬을 가장하여 여론조작을 시도하는 일도 팬덤에서는 드물지 않았기 때문이다.

다. 이는 2018년, 방탄소년단이 UN 총회에서 청년세대의 희망과 다양성을 주제로 연설하면서 하나의 커다란 이정표가 되었다. 길티 플레저Guilty Pleasure로서 케이팝을 소비하는 팬도 많았던 과거에 비해, 케이팝을 지지하는 행위는 곧 소수자들의 승리를 응원하는 행위가 되었다. 당연히 팬덤의 새로운 구성원들은 이 같은 정치에 매우 관심이 높은 층이었고, 이들이 팬덤 액티비즘을 통해 이루고자 하는 의제나 그 참여도 역시 달라질 수밖에 없었다. 기획사 측이 이를 받아들이느냐 마느냐 여부와는 무관했지만 말이다.

팬덤의 발화는 과거에 비해 무척 활발하고, 그것이 수용되는 일도 어렵지 않게 찾아볼 수 있다. 다만 그럴 때도, 기획사들은 좀처럼 명시적으로 수긍하지 않는다. 팬들이 지적하고 요구하면 (경우에 따라) 행동은 바꾼다. 입장표명을 할 때도 있다. 하지만 "당신의 말을 들었습니다"라고 결코 말하지 않는다. 행동은 하지만 입으로는 시인하지 않는다니, 소설 속 '몸은 솔직'한 인물 같기도 하다. 케이팝 세계는 상당히 고맥락 사회라서, 어떤 사안을 명명백백히 거론하는 문화는 아니다. "최근 제기된 이슈", "보도된 내용", "일부 온라인 커뮤니티에 작성된 글" 정도로 뭉뚱그리는 게 소속사 입장의 매뉴얼처럼 느껴지기도 한다. 이를 일종의 풍토로 감안하고 바라볼지라도, 누가 무엇에 대해 어떤 문제를 제기했고 그것을 어떻게 받아들였다고 상세히 밝히는 경우는 매우 드물다. 일부 사례를 알고 있음에도 이곳에 명시해도 되는지 눈치가 보일 정도다.

'피드백을 요구합니다'와 같은 팬덤 항의 무브먼트는 케이 팝 산업 주체에 행동을 촉구하여 산업을 바꾸려는 방향성을 띠 고, 여러 팬덤의 산발적 연합체에 의한 팬덤 액티비즘은 팬덤 의 힘을 바탕으로 외부 세계의 변화를 끌어내려 했다.

여기서 케이팝포플래닛은 외부 세계의 변화를 지향하며 그

	팬덤 항의 무브먼트	새로운 팬덤 액티비즘
활동 주체	• 특정 아티스트 팬덤 • 경우에 따라 특정 아티스트 팬덤 연합체	• 범 케이팝 팬덤
대표적 화두	• 노동조건 등 아티스트 불공정 처우 • 팬덤에 대한 부조리한 처우 • 문제적 콘텐츠 • 문제적 아티스트와의 협업 • 아티스트의 비위/비성실 등등	• 기후위기 • 팔레스타인
수단	• 팬덤의 화력	• 범 케이팝 팬덤의 화력 • 관계 단체와의 보다 적극적인 연대
대상	• 소속사 또는 아티스트	• 외부 세계 • 케이팝 소속사
목표	• 아티스트나 소속사의 사과 • 아티스트나 소속사의 행동 개선 • 문제적 콘텐츠에 대한 수정	• 정치적 의견 표명 • 정치적 행동
배경	• 1세대부터 내려온 팬덤 집단행동 • 팬덤의 정체성 변화 • 페미니즘 리부트 • SNS • 세계 팬덤과의 교류에 따른 영향	• 2016년 이후의 세계 팬덤
성과	• 경우에 따라 상이 • 소속사 측 입장표명은 제한적	• 소속사 차원의 수용사례 발생 (케이팝포플래닛)

것에 공헌할 수 있는 방향으로 케이팝 산업에 압박을 주는 형
태를 취한다는 점에서 기존의 움직임들과 다소 궤를 달리한다.
이는 케이팝 팬덤 액티비즘이 다시 진화하고 있는 과정으로 볼
여지가 있다.*

2023년에 등장한 '아미 포 팔레스타인ARMY 4 PALESTINE'
도 이와 같은 분류로 이해할 수 있다. 이름은 방탄소년단 팬덤
인 아미를 포함하고 있지만 실제로는 하이브 소속 아티스트들
의 팬덤 연합체에 가깝다. 이들은 이스라엘-팔레스타인 갈등
의 피해자 중에도 같은 케이팝 팬들이 있음을 인지하고 팔레스
타인 피해자들을 돕는 활동에 팬덤의 화력을 모으고 있다. 또
한 하이브 아메리카의 스쿠터 브라운Scooter Braun 최고경영자
가 유대 민족국가 건설을 위한 팔레스타인 지역 강탈을 합리화
하는 시오니즘을 지지하고 있다고 지목, 그를 하이브에서 퇴출
하라는 요구를 하고 있기도 하다. 그러나 이 경우 언론에서 제
한적으로 다루고는 있되 소속사나 아티스트 차원의 입장표명
이 이뤄진 바는 2024년 11월까지 없다. 그러니 케이팝포플래

---

*   추가 사례로, 뉴진스 팬덤 버니즈도 있다. 뉴진스의 소속사 어도어가 모회사 하이브
와, 그리고 이어서는 해임된 민희진 전 대표이사와 경영권 분쟁이 지속되면서 뉴진
스 팬덤 연합이 행동에 나선 것이다. 이들은 민 전 대표의 해임 부당성을 호소하고,
하이브 사내의 뉴진스 괴롭힘 의혹을 비롯한 아티스트 처우 문제를 제기했다. 사옥
앞 시위에 더불어 이들은 어도어와 하이브 측 주요 인사들에 대한 제소, 고용노동부
민원 등 활발한 법률적 조치를 취했고, 2024년 10월에는 국회 환경노동위원회 국
정감사까지 끌어냈다.

닛에 대한 여러 소속사의 대응은 아직까지는, 변화된 팬덤 발화에 따른 것이라기보다는 사안의 특수성에 비추어 가능했던 것으로 보는 편이 옳을 듯하다.

케이팝포플래닛에게는 가능했다면

케이팝포플래닛이 다루는 기후위기는 과학적으로 부인할 수 없고 팬과 대중이 피부로 체감하며, 대체로 이의의 여지 없이 중대한 사안이다. 물론 기후위기가 거짓말이라는 주장을 하는 이들도 있다. 그러나 지금 미국에서 음모론이란 음모론은 대부분 대안우파 큐어넌QAnon의 거대한 세계관 속에 통합되었기 때문에 기후위기 허구론자들 역시 트럼프 지지자나 백인 우월주의자, 지구평면론자 등과 한솥밥을 먹고 있다. 그러니 케이팝 팬덤과의 접점은 많지 않은 편이라 하겠다. 하지만 혹시라도 이들이 트럼프의 눈물을 극복하고 케이팝을 지지하고 나선다면 저울이 기울지도 모르니 일을 복잡하게 만들고 싶지 않은 아티스트가 있다면 2010년대처럼 한쪽 눈을 가린 얼굴이나 흑백 체크보드 패턴, 대형 피라미드, 올빼미 등 큐어넌 그룹이 적대시하는 일루미나티 계열 아이콘들을 뮤직비디오에 다시 도입하는 방법도 있을 것으로 보인다.

또한 많은 팬들에게 어필할 수 있는 사안이기도 하다. 팬들이 일상적으로 체감할 수 있는 영역일뿐더러, 대중 전반이 옳은 일로 여기는 문제이기도 하다. 예를 들자면, 대통령 탄핵 시위부터 교사들의 교권회복 시위, 팬들의 콘서트 입장 줄까지 어떤 군중을 평가하는 데에 대표적으로 불려 나오는 '쓰레기 버리지 않기'와도 비슷하다. 한국에서 사안을 뛰어넘어 누군가를 긍정하도록 하는 절대적인 지표 중에 환경을 위하는 일이 포함되어 있다. 그래서 더 그러할까. 환경문제는 이미 케이팝 아이돌과 인연이 깊다. 1세대부터 케이팝의 가장 스펙터클한 순간을 장식해온 아이코닉한 현장인 「드림콘서트」는 원래 「내일은 늦으리」라는 제목의 환경 콘서트였다. 팬덤이 아이돌에게 고가의 선물을 하는 것이 사회적으로 마뜩찮은 시선을 받자 모금과 화력, 인정 욕구가 한데 뭉쳐 향한 곳도 아티스트 이름의 숲을 조성하는 일이었다.

2023년, SM엔터테인먼트의 이수만 당시 회장이 '나무 심기'를 거론하고 이후 그가 에스파의 노래 가사에 해당 내용을 넣고자 했다고 알려졌을 때도, 그 생각이 너무 급진적이라 경악한 이는 없었다. 차라리 "너무 낡았다"는 비아냥이었다면 모를까. 그러니 환경은, 어떤 사회적 사안에도 함구를 요구받는 케이팝 아이돌들이 그나마 명시적으로 목소리를 내도 '괜찮은' 것으로 검증된 영역이라 할 만하다. 그렇게 볼 때, 케이팝포플래닛에 대한 이례적인 반응은 세계적으로 회자되는 ESG 중에서 그나마 가장, 특히 대외적으로 제스처를 취하기 좋은 것이 'E'였던 게 아니냐는 의문을 남기기도 한다.

케이팝에 ESG라는 것은

ESG는 환경Environment, 사회Social, 지배구조Governance의 약자로, 기업이 단기적 이윤에 매몰되지 않고 지속가능한 발전을 지향하기 위한 비재무적 지표를 말한다. 이는 이미 1992년도에 있었던 리우 선언에서 회자된 개념이며, 2020년도에 세계경제포럼을 통해 본격적으로 널리 알려졌다. 우리 정부도 향후 ESG 공시 의무화를 위한 단계를 밟고 있다.

케이팝 산업의 주요 기업들도 2022년 3월에 하이브가 이미경 환경재단 대표를 사외이사로 선임하고 이사회 내 ESG 위원회 및 전담팀을 설치했고, 8월에는 JYP엔터테인먼트가 업계 최초로 지속가능성경영보고서를 발간했다. 이후 SM엔터테인먼트, YG엔터테인먼트, 하이브도 보고서를 잇따라 공개했다.

정부의 ESG 공시 기준은 2024년 겨울인 현재까지 확정되지 않았으나, 자산 2조 원 이상 유가증권 상장사를 대상으로 2026년 이후 의무화가 논의되고 있는 단계다. 그렇게 보면 적어도 케이팝 산업을 선도하는 기업들은 이 물결에 비교적 일찌감치, 자율적으로 동참하고 있다고 볼만하겠다.

보고서의 내용은 대략적으로, 경영상의 책임과 사회공헌으로 나누어 살펴볼 수 있다. 불공정하거나 불합리한 경영, 환경 피해를 줄여 윤리적 경영을 추구하고, 환경과 공동체, 고객층에 공헌하고자 한다는 것이다. 이를 위한 구체적 플랜은 기업마다 차이가 있다. JYP엔터테인먼트는 업계 최초로 전력량의 100퍼센트를 재생에너지로 전환한다는 RE100을 이미 달성했다고 하고, 여성 팀장 비율 52퍼센트, 일 가정 양립제도, 사내 공익신고시스템 운영 등이 눈에 띈다. YG엔터테인먼트는 규범준수 경영시스템과 부패방지 경영시스템 인증을 획득했고, 캠페인과 윤리강령을 통해 구성원 인권 및 다양성 존중 등을 지향한다고 한다. 하이브는 온라인 공연 등이 탄소발자국 저감 측면에서 거론되고, 현장 줄서기, 공연장 내 휠체어석, 수어 통역사 지원 등으로 소비자의 접근성을 높인다고 한다. 임직원 다양성 강화, 이외에도 각 사는 음반 및 굿즈 등에 친환경 소재나 업사이클링, 숲 조성, 파트너와의 상생 협력을 통한 산업 생태계에의 안배 등을 거론하고 있다.

그런데 이들 보고서를 훑고 있노라면 다소 새삼스럽게 느껴지는 대목들도 적지 않다. "일하기 좋은 직장", "스마트한 조직문화", "컴플라이언스" 같은 표현들은 사실 ESG보다는 사내 복지나 업무환경 개선에 어울린다고도 할 수 있다. 또한 소비자의 편의성 재고에 가까운 내용이나 콘텐츠 품질 관리, 정보

보안 등, "일을 더 잘하겠습니다"에 가깝지 E에도, S에도, G에도 딱히 들어맞지 않는 대목들도 포함된 게 사실이다.

보는 이에 따라서는, 케이팝 산업의 후진성으로 지적되던 것들을 이것저것 다 개선하겠다는 의지의 표현에 가깝게 느껴지는 항목들도 꽤나 있다. 반기지 않을 이유는 없다. 단적인 예로, 혹독한 것으로 알려져 있던 엔터 업계 직원들의 처우에도 개선이 필요함은 이 산업에 조금이라도 발을 걸친 이라면 공감할 만한 내용이다. 분명 케이팝이 보다 선진적인 산업으로 나아가는 데 있어 중요한 가치들이다. 그러나 이 같은 내용이 전부 ESG 보고서에 포함된 것을 보고 있노라면 조금은 머뭇거리게 되기도 한다. 케이팝이 미래를 지향하며 지속가능성이나 사회적 책임을 논하기는 혹시 조금 일렀던 건 아닌가, 출발점이 여기까지는 뒤로 물러나야 비로소 이야기를 시작할 수 있는 산업이었던 건 아닌가 하는 인상마저 든다.

실질적인 개선으로 이어지고 있을까

2023년과 2024년에 일어난 케이팝 산업의 가장 뜨거운 화두들이 이 보고서의 내용들과 지나치게 겹쳐 보이기 때문이기도 하다. SM엔터테인먼트의 경영권 분쟁과 하이브-어도어 분쟁에는 다양한 쟁점이 있으나, 대중에게 투명한 경영이 순조롭게 이뤄지고 있다는 인상을 주는 데에는 크게 실패한 사례들임이 분명하다. 그리고 이 사태들이 일어나기 이전에 발간된 보고서들을 다시 읽었을 때, 이 계획들이 성실하게 차곡차곡 수행되고 있다는 믿음으로 가슴이 벅차오르기는 쉽지 않은 것도 현실이다.

　이외의 부분에서는 더욱 아쉬움이 남는다. 지속가능성에 대한 인식 확산을 비롯한 캠페인 언급이 너무 많기 때문이다. 캠페인이 나쁜 것은 없다. 그러나 우리 사회는 너무 많은 것을 캠페인으로 때우려 한다. 예를 들어 인터넷을 통해 악의적인 여론이 형성되고 자살하는 사람이 나오더라도 해결책은 '선플 캠페인'인 식이다. 캠페인은 그것을 따르려 하지 않는 사람들을 막을 수 없기 때문에 무력하고, 캠페인을 통해 발화하는 것으로 할 일을 다했다는 기분을 주기 때문에 무책임하다. 또한 캠페인을 일으키고 확산시킬 수 있는 영향력을 가진 이가 그렇지 않은 이들을 향해 발화하는 형태이기 때문에 어느 정도의 수직성을 전제로 한다. 길에 쓰레기 버리지 않기, 한 줄 서기, 우측통행하기 등 시민에게 에티켓을 교육하고자 한 권위주의 사회가 가장 간편하게 채택하는 해결책이다. 쓰레기통을 적소에 배치하고 오남용을 방지하기 위해 고민하는 등의 구체적 해결책을 수반할 필요조차 없다. 그러니 케이팝 산업이 자신의 책임을 캠페인으로 수렴시키는 일은 인플루언서로서의 자기 인식

위에 대중과 소비자의 윤리의식에 행동을 떠넘기는 행위에 국한될 우려가 있다. 하다못해, 2010년대 후반 화두가 된 연예인의 선한 영향력도 구체적인 기부처나 집단행동 방식을 제시하고 유도하는 일련의 과정이 포함된 경우가 많았으니, 2024년의 ESG가 캠페인으로 점철된다면 그건 분명한 퇴행이다.

캠페인 이상의 구체적 행동은 어떤 것이 있을까.

2022년, JYP엔터테인먼트는 RE100을 달성했다. 1년간 사용한 전력량만큼의 재생에너지공급인증서를 태양광발전소에서 구매한 것이다. 당장 재생에너지를 직접 사용한 것은 아니지만, 재생에너지 산업에 기여하는 방식을 선택한 것이다. 2023년, SM엔터테인먼트는 서울숲에 121평 규모의 숲을 조성했고 이를 2배 규모로 확대하겠다고 했다. 숲 조성은 팬덤에 의해 이미 오래전부터 이뤄지던 것으로, 사실 그 자체로 획기적인 일은 아니다. 조성만 하고 방치되어 문제가 되는 경우도 왕왕 있었다. 그러나 숲이 늘어나는 것이 부정적일 이유는 없고, 시설 유지 관리 역시 5년간 SM엔터테인먼트가 맡는다고 하니 진일보한 면도 있다. YG엔터테인먼트는 2023년에 블랙핑크의 콘서트에서 팬들이 동참하는 탄소배출량을 측정하는 시도를 하고 향후 이를 대응 방식에 반영하겠다고 했다.

그러나 최대한의 실질적 아웃풋이 이것이라고 한다면 아주 짜릿한 사건이라 말하기 어렵다. 케이팝을 선도하는 기업에 이

것보다는 더 나은 것을 기대하는 게 옳다.

물론 보고서들은 음반과 굿즈의 친환경 전환도 거론하고 있다. 그러나 너무 진즉부터 사용되고 있던 콩기름 잉크 같은 것들이 새삼스럽게 등장할 때면 낯이 뜨겁다. 재생 플라스틱 패키징 등도 한국의 실질적인 폐기물 수거 정책에 비추어 실질적인 탄소저감 효과를 기대하기 어렵다는 지적도 있다. 무엇보다, 팬덤을 향하는 소비재는 누구나 알고 있고 수없이 지적되는 근본적인 부분을 외면하다시피 하고 있다. 수집욕 자극과 팬 이벤트 참여권을 매개로 한 실물 음반 판촉이 그것이다. 팬사인회에 참석하기 위해 세 자릿수 이상의 음반을 구매하고 버리는 일이 지속된다면 그중 일부가 재생 용지와 재생 플라스틱을 사용한다고 해서 탄소발자국을 저감하기 어렵다. 케이팝포플래닛이 처음 대중의 주목을 받은 대목이 지나친 음반 구매 유도 전략에 대한 항의였는데, 이들의 의견을 경청하는 제스처에도 정작 이 부분만큼은 개선의 여지가 보이지 않는 형편이다.

플랫폼 앨범의 아이러니

개선책으로 대두된 것이 없지 않다. 소위 '플랫폼 앨범'이다. 두꺼운 부클릿과 화려한 패키지의 CD로 구성된 음반 대신, 온라인으로 음악을 감상할 수 있는 권리와 포토카드가 포함된 간소한 패키지를 음반으로 간주하고 판매하는 것이다. 육아 가정과 에스파의 팬*이 아니고서는 CD 플레이어를 가진 이를 찾기 어려운 시대, 실사용하지도 않을 CD가 음악 미디어보다는 기념품으로서의 가치를 갖게 된 것은 이미 오랜 일이다. 어차피 스마트폰으로 음악을 듣는다면 CD가 패키지에서 빠진들 무엇이 다르겠는가.

죽어버린 CD의 물성만큼은 살리고자 하는 시도는 여러 가지로 이뤄졌다. G-DRAGON이 2017년에 발매한 앨범 《권지용》은 그간 세계 인디 음악계에서 활발히 등장하던 USB 앨범을 케이팝에서 최초로 시도한 사례였으나, 이를 음반으로, 그래서 (너무나 중요하게도) 음반 판매량에 집계할 수 있느냐는 논란을 낳았다. 이미 2014년부터 통칭 '키트 앨범'이라는 포맷이 존재했는데, 이는 NFC, USB, 3.5"(8.89cm) 헤드폰 단자 등으로 휴대폰과 연결해 감상할 수 있는 작은 오브젝트였다. 그러나 키트 앨범은 당초의 기대와는 달리 조금 별난 상품 정도로 인식된 채 결국 한국 음악 산업의 대세가 되지 못했다. 그에 비해 플랫폼 앨범은 시장에 빠르게 안착하는 추세를 보이는데, 그 배경의 한 가지가 과열된 음반 판매량과 기후위기라고 보는

---

* 2024년 5월 27일에 발매된 에스파의 첫 정규 앨범 《Armageddon》은 아이리버에서 생산한 CDP 패키지로도 발매되었다.

방법도 있겠다.

케이팝 산업도 어느 정도는, 환경문제에 보다 민감한 계층으로 플랫폼 앨범의 구매자층을 설정하고 있는 듯하다. 플랫폼 앨범만큼은 친환경 소재로 제작하거나, 포함되는 포토카드 역시 그러한 경우도 있다. 그럼에도 분명 과도기적인 해프닝에 불과하다고 철석같이 믿고 싶기는 하지만, 취지가 상당 부분 무색한 경우도 없지 않다. 플랫폼 앨범이 굿즈의 형태를 띠면서 멤버별 플라스틱 키링으로 구성된다거나, 심지어는 음원이 기록되지 않은 목업mock-up CD가 굿즈로서 포함되는 일도 있다. CD를 대체하기 위해 공 CD를 포함하는 친환경 앨범이라니…… 대중음악 매체의 역사에 관심을 두는 호사가들에게는 매우 흥미로운 아이템이기는 하지만 그 정도의 즐거움을 위해 희생하기에 우리의 지구는 너무나 소중하다.

아이러니는 조금 더 있다. 플랫폼 앨범의 소비자는 음악 매체에 대한 소유권이 아닌 감상권을 구매한다. 그래서 어떤 서비스를 이용해 언제 감상할지를 결정할 수 없다. 그럴 일은 절대 없다고 믿고 싶은 마음은 굴뚝 같지만, 앨범이 연계된 플랫폼이 어느 날 서비스를 종료한다면 더 이상 음악을 감상할 수 없을 것이다. 또한 플랫폼 앨범을 구매한다고 해서 기존에 쓰던 멜론이나 애플 뮤직의 구독을 중단하는 일을 흔히 지레짐작하게 되지도 않는다. 그러니 적지 않은 경우 플랫폼 앨범 구매는, CD와 똑같이, 실사용 여부가 뚜렷하지 않은 매체에 추가 비용을 지불하는 일이 된다.

여전히 소비지향적인 산업

그럼에도 플랫폼 앨범이 팔리는 것은, 어쩌면 포토카드 덕분이다. 대량으로 CD를 구매해도 포토카드만큼은 간직하는 팬이 많으니 말이다. 어차피 포토카드만 꺼낸다면 책장 가득한 CD 패키지보다야 어쨌든 판형이 작아서 부동산 문제를 덜 일으키고, 버릴 때도 종량제 봉투나 재활용 쓰레기를 버리는 핸드카트에서 자리를 덜 차지한다. 플랫폼 앨범의 메인 상품은 포토카드다. 거기까지라면 행복한 사람들도 있었을지 모르겠지만, 케이팝의 근본에 자리한 과잉의 미학은 지나침을 모르기 마련이다. 플랫폼 앨범 한정 포토카드가 등장한다. 그리고 플랫폼 앨범은 환경을 위한 선택이라기보다 포토카드 수집을 위해 구매해야 하는 추가종수가 된다.

포토카드가 과거 어느 때보다 중요한 머천다이즈가 되면서 케이팝 음반의 종수는 이미 부지기수로 늘었다. 과거에는 한 장의 음반이 몇 가지 패키지로 출시되고 랜덤 포토카드가 포함됐다고 한다면, 이제는 플랫폼 앨범이 가세했다. 심지어 판매처별로도 한정 포토카드가 구성되고 있다. 한 명의 팬이 구매해야 하는 매수는 급격히 늘어났다. 물론 팬들의 구매 패턴 속에 플랫폼 앨범을 일반화해 산업의 구조를 서서히 바꾸거나, 포토카드 수집의 벽을 높여 수집욕을 좌절시킴으로써 중복으로 구매하는 문화를 바꾸려는 장기 전략이라고 보는 일도 가능은 하다.

그러나 이 경우를 제외하면 팬들이 음반을 여러 번 구매하는 행위를 완화하려는 의도로 읽을 만한 움직임은 그다지 눈에 띄지 않는다. 최근 몇 년간 케이팝 산업이 명품 브랜드와 협업하는 일이 늘면서, 어린 팬들의 명품 소비를 부추긴다는 비판도 심심찮게 나온다. 팬들이 음반을 대량 구매하도록 유도하는 것도 매우 중요하지만, 이 또한 케이팝이 지닌 비윤리의 일부다. 당연한 활동처럼 여겨지게 된 팝업스토어는 또 얼마나 소비를 촉진하고 대량의 폐기물을 양산하는가. 최근 10년간 아티스트마저 팬들에게 드러내놓고 부탁하는 게 낯설지 않게 된 무한 스밍(스트리밍)은 또 얼마나 무의미한 데이터 통신과 전력을 소모하는가.

불필요까지 당연하게 감수하도록 하는 소비지향적인 산업으로서의 성격에 대한 재고 없이 케이팝이 '그린'이 될 수는, 근본적으로 없다. 각 기업의 ESG 보고서에 적힌 근사한 단어들 틈새로 짙은 회의감이 드는 것은 바로 이 대목이다.

케이팝의 원죄 같은 것들

그러고 보면 환경('G'가 아닌 'E') 이외의 사회(S)와 지배구조(G)가 케이팝 팬덤에게 낯선 이야기는 아니다. 기획사를 향하는 팬덤의 볼멘소리들은 때로 사적인 감정이나 욕망이 정제되지 않은 형태로 담은 비합리적인 주장일 때도 있는 게 사실이다. 회사의 사업적 사정을 고려하지 않고 무리한 업무를 요구하며 이들이 주먹구구식 경영을 한다고 비난할 때도 있다. 그러나 팬덤의 합리적인 요구들은 아티스트에 대한 합당한 처우를 말하기도 하고, 어디 내놓기에 부끄럽거나 스스로 고통스럽지 않도록 건강한 콘텐츠, 현장 소비자를 향한 온당한 대우를 논하기도 한다. 또한 아티스트와 팬덤의 명예를 드높이고자 하는 (인정 욕구가 섞인) 시도에서 사회적 기여에 열을 올리기도 한다. 팬덤의 욕망과 목소리는 이미 ESG라는 키워드에 비스듬하게나마 걸쳐 있다. 누군가의 입맛에 맞춘 보고서를 주문할 일은 아니지만, 지금까지의 케이팝 ESG 보고서들에 아쉬움이 남는 것은 그래서이기도 하다.

이 보고서들에 새삼스러운 데가 있다면 팬덤이 요구하거나 수행하던 것들을 ESG의 이름으로 천명하는 대목들이다. 허전한 데가 있다면, 그럼에도 팬덤과의 소통은 ESG 어젠다에서 거의 누락된 것처럼 보인다는 점이다. 팬덤 전반에서 일고 있는 환경 의식을 감안하고 있지만 정작 가장 뜨겁게 제기되는 CD 이슈는 들어본 적도 없다는 듯한 페이지들처럼 말이다. 또한 직원들이 일하기 좋은 기업은 논하되, 미성년자가 상당수인 케이팝 아티스트의 노동권이나 건강한 (아티스트로서의) 성장은 지속가능성의 이름으로 거론되지 않는 것도 의문을 제기할 만한 대목이다.

ESG는 단지 비재무적 지표의 중요성을 강조하는 데 그치는 개념이라기보다, 그것이 곧 재무적 영역으로도 이어진다는 관점이기도 하다. 즉 "돈 벌었으면 책임도 다하라"는 노블레스 오블리주Noblesse Oblige 식의 이야기보다는, "책임을 다하는 게 (결국) 돈벌이도 될 것"이라는 의미로 볼 여지가 있다. 전술했듯 케이팝 기업들이 공시 의무화에 한참 앞서서 보고서를 발간하며 ESG 행보에 나선다는 건 분명 긍정적인 일이다. 더구나 그 취지가 지속가능성에 있음을 가벼이 여기지 않고 파트너와의 상생 등 건강한 산업 생태계를 그리고 있음은 고무적이다. 그렇기에 더 욕심 섞인 기대를 하게 된다. 케이팝의 원죄와도 같은 아티스트의 인권과 자기결정권, 팬덤과의 건강한 관계 맺기 같은 것들이 케이팝 ESG의 일부임이 선언되길 말이다.

EP

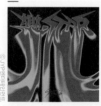

@JYP엔터테인먼트

樂-STAR

스트레이 키즈
발매일 2023.11.10

스트레이 키즈는 지금 케이팝 씬에서 가장 미친 음악을 가장 설득력 있게 들려주는 팀이다. 케이팝 보이그룹이 난장을 펼쳐 보이며 케이 팝이라는 독특한 음악적 양식으로 그에 날개를 단다면, 스트레이 키 즈는 난장의 소용돌이 속으로 케이팝을 빨아들이는 음악을 들려준다. 스트레이 키즈의 음악이 친환경 이미지와는 거리가 있을지도 모르겠지만, 《樂-STAR》의 플랫폼 버전은 제법 검소한 편이다. 여러 기획사가 시도하고 있는 네모NEMOZ 앨범은 바이오플라스틱 소 재와 FSC 인증 소재를 사용한다. 내용물도 포토카드 세트와 함께 랜덤 요소로 멤버별 손그림이 포 함된 오너먼트를 포함했다. 과열되고 있는 포토카드 시장에서 반걸음 물러서면서, 기념품으로서의 가치도 어느 정도 챙긴 셈이다.

EP

@SM엔터테인먼트

Steady

엔시티 위시
발매일 2024.09.24

엔시티 위시의 《Steady》는 화성의 아름다운 텐션과 함께 환상과 추억의 경계를 모호하게 부유하는, 매우 로맨틱한 곡이다. 앨범은 두 종류의 플랫폼 앨범을 포함하는데, 2000년대 초가 떠오르는 콤팩트 디지털카메라를 닮은 종이 박스에 플립북을 포함한 QR 버전과, 슬라이드 필름이 이동하면서 뷰파 인더에 사진을 보여주는 플라스틱 장난감 카메라를 실물로 제작한 Keyring 버전이 그것이다. 후자 는 NFC 방식의 스마트 앨범인데 아쉽지만, 카메라에 NFC가 탑재된 것은 아니고 별도의 NFC 디 스크가 있다. NFC 기술의 파기를 주장할 마음은 없으나, 만일 플랫폼 앨범이 환경영향 저감을 지향 한다는 데에 동의한다면 QR 방식에 비해 아쉬움이 남는 것은 사실이다. 더구나 6종 랜덤 포토카드와 6종 랜덤 NFC 디스크라면? 실물 음반의 기념품적 가치를 참신하고 아주 사랑스럽게 구현한 패키징임은 분명하지만, 이 정도라면 주얼케이스 CD에 비해서도 플라스 틱 사용량이 지나치지는 않을까.

정규

SERIES 'O' ROUND 3 : WHOLE

베리베리
발매일 2022.04.25

이 앨범은 좀 더 평가받아 마땅하다. 보이그룹으로서의 세련미와 댄스팝으로서의 전격적인 태도, 어른스러운 내려놓음이 스펙트럼으로 펼쳐지는 풍성한 앨범이다. 으름장과 청량미를 적절히 뒤섞거나 교차시키며 이어 나가는 앨범의 초반부는 특히 눈길 돌릴 틈을 주지 않는다. 여러모로 '힘을 준' 앨범임에 분명하고 그에 상응하는 만족감을 제공한다.

다만 플랫폼 앨범에도 힘을 너무 준 것일까. 랜덤 PVC 포토카드 7종과 랜덤 포토카드 14종, 랜덤 엽서 2종을 포함한 커버 플랫폼 앨범 7종이라니. 플랫폼 앨범이 모든 이에게 반드시 친환경적 의미만을 제시할 필요는 어쩌면 없을지도 모르겠으나, 아무래도 정도가 과하다.

정규

Apocalypse : From us

드림캐쳐
발매일 2023.05.24

ESG가 화두라고는 하나 이를 메시지로 소화한 콘텐츠를 선보인 경우는 그다지 없다. 서사적 콘셉트로 차별화에 성공하며 반향을 일으킨 드림캐쳐는 2022년 4월부터 세 장의 미니앨범과 두 장의 싱글에 환경재앙을 테마로 도입했다.

인류의 종말과 디스토피아에 저항하는 게릴라 등, 케이팝에서 닳도록 활용된 모티프를 살짝 비틀면서 새로운 의미를 담아낸 것이다. 메시지는 (케이팝의 사회비판이 유구히 그래왔듯) 다소 피상적이다. 정확히 누구의 무엇이 문제인지 꼬집어 말하기보다, 환경재앙의 비극성을 멜로드라마틱하게 풀며 당당하고 강렬한 대응의지를 표현한다. 그러나 마치 기부나 선행 이상의 사회적 관심은 보이그룹의 전유물인 듯하던 케이팝 씬에서 걸그룹이, 그리고 사실상 씬에서 유일하게 환경 이슈를 표방했다는 점만은 짚고 넘어갈 가치가 있다. 이미 탄탄하게 완성된 특유의 음악적 지향점과 퍼포먼스가 웅장한 테마와 맞물려 아주 인상적인 순간들을 남기는 작품들인 것도 분명하다.

다채롭고 화려한 장수 아이돌의 세계로

언제까지 어깨춤을 추게 할 거야

차트부터 하나 보고 가자. 2024년 3월, IFPI(국제음반산업연맹)이 순위 하나를 공개했다.*

차트 이름은 '2023 글로벌 앨범 세일즈 차트Global Album Sales Chart 2023'. 전 세계를 대상으로 2023년 한 해 동안의 앨범 판매량과 스트리밍 횟수 등을 종합한 차트다.

순위	가수	앨범
1	세븐틴	《FML》
2	스트레이 키즈	《★★★★★ (5-STAR)》
3	엔시티 드림	《ISTJ》
4	세븐틴	《SEVENTEENTH HEAVEN》
5	스트레이 키즈	《樂-STAR》
6	테일러 스위프트Taylor Swift	《1989 (Taylor's Version)》
7	정국	《GOLDEN》
8	엑소	《EXIST》
9	아이브	《I've MINE》
10	뷔	《Layover》
11	제로원베이스	《YOUTH IN THE SHADE》
12	에스파	《MY WORLD》
13	투모로우바이투게더	《이름의 장: FREEFALL》
14	(여자)아이들	《I feel》
15	엔시티 127	《Fact Check》
16	엔하이픈	《DARK BLOOD》
17	아이브	《I've IVE》
18	지민	《FACE》
19	엔하이픈	《ORANGE BLOOD》
20	에스파	《Drama》

출처: IFPI

* 『IFPI』의 도표는 다음 기사 참고. "Taylor Swift, SEVENTEEN and Morgan Wallen top IFPI Global Album Charts", 2024. 3. 28(https://www.ifpi.org/taylor-swift-seventeen-and-morgan-wallen-top-ifpi-global-album-charts/).

발표된 결과에 따르면 2023년에 세계에서 가장 많이 판매된 앨범 20장 가운데 19장이 케이팝 앨범이다. 눈을 다시 한번 비벼 본다. 가온 차트도, 멜론 차트도 아니다. '글로벌'이라는 세 글자가 뚜렷하게 찍힌, 세계를 상대로 한 판매량이 맞다.

20위 권에 이름을 올린 유일한 비-케이팝 가수는 테일러 스위프트다. Swift(스위프트)라는 이름에 economics(경제학)를 합성한 'Swiftonomics(스위프트노믹스)'라는 말이 통용되고, 그가 공연을 여는 지역에서는 지진이 감지된다는 말이 있을 정도로 대단한 바로 그 테일러 스위프트다. 테일러 스위프트의 기존 발매작을 새로 매만져 발표한 《1989 (Taylor's Version)》는 이 차트에서 6위를 기록했다. 이외에는 놀랍게도 전부 케이팝 그룹의 이름뿐이다. 다시 말하지만, 한국 대상이 아닌 전 세계를 대상으로 한 앨범 판매량 차트다.

차트에 오른 이들의 면면은 상당히 다채롭다. 걸그룹과 보이그룹이 골고루고, 연차도 다양하다. 2024년을 기준으로 활동 10년 차를 넘긴 엑소(2012년 데뷔)와 세븐틴(2015년 데뷔)이 있고, 같은 해인 2016년에 데뷔한 엔시티 드림과 엔시티 127도 상위권을 차지하고 있다. 3세대와 4세대 사이의 가교로 불리는 스트레이 키즈(2018년 데뷔)와 투모로우바이투게더(2019년 데뷔)의 이름도 눈에 띄고, 4세대 걸그룹 붐의 전성기를 이끄는 아이브, 에스파, (여자)아이들도 있다. 이외에도 정국과 뷔, 지민처럼 방탄소년단 멤버들이 발표한 화제의 솔로작이나 엔하이픈, 제로베이스원처럼 시작부터 큰 팬덤을 갖추고 데뷔한 서바이벌 프로그램 출신의 신인 그룹들도 한 자리를 차지한다.

활동 1년 차에서 13년 차까지 사이좋게 분배라도 한 것처럼 나눠가진 리스트가 뜻하는 바는 꽤 명확하다. 우선 첫 번째로 앨범 판매량을 기준으로 하는 세계 음악 시장에서 케이팝의 영향력은 우리가 생각한 것보다 훨씬 거대하다는 점이다. 다음으로는 리스트에 이름을 올린 그룹의 다양한 연차만큼이나 케이팝 아이돌로 성장하고, 성공하고, 그를 지속해가는 방법이 과거와는 비교할 수 없을 정도로 다변화되고 있으며, 그 흐름을 이끌거나 직접 타고 있는 이들이 특정 그룹이나 세대에 상관없이 늘어나고 있다는 사실도 충분히 유추할 수 있는 결과다. 씬의 자연스러운 성장이라며 고개를 끄덕이기 전에 주목할 건, 이 변화가 2010년만 해도 상상조차 할 수 없었던 사실이라는 점이다.

2010년쯤으로 시계를 돌려보자.

2010년은 21세기, 새로운 10년의 시작점이자 케이팝 씬에도 새로운 변화의 바람이 적극적으로 불어오기 시작한 시기였다. 본격적인 케이팝 전성시대를 열었다는 평가를 받는 2세대 아이돌이 가요계 전반에 막강한 영향력을 끼치기 시작했고, 무엇보다 '7년 표준계약서'*가 보편화되었다. 2009년 7월부터 케이팝 씬에서 통용되기 시작한 표준계약서는 금세 '케이팝은 음악과 퍼포먼스가 조화된 장르'라거나 '케이팝은 체계적인 연습생 시스템을 기반으로 한다'는 정의만큼이나 케이팝 상식에 가까운 존재가 되었다. 시장에 빠르게 자리를 잡은 표준계약서는 곧 장수 아이돌의 상징으로 자리 잡기도 했다. 계약서에 7년이라는 기간이 정확히 명시된 탓이었다. 계약서를 갱신하지 못하고 역사 속으로 사라지는 그룹이 다수 등장하면서 '아이돌 7년 징크스' 또는 '마의 7년'이라는 용어가 익숙해졌고, 케이팝 팬이라면 누구나 자신이 좋아하는 그룹이 활동 6년 차에 돌입하는 순간 멤버들의 재계약 여부에 대해 자동반사적으로 촉각을 곤두세우게 되었다. 데뷔 7주년을 전후한 시기는 케이팝의 가장 예민한 시기였다.

재미있는 건 이러한 흐름조차 한때의 유행처럼 이제는 옛이야기가 되어 버렸다는 사실이다. 물론 '7년 표준계약서'의 위력은 여전히 유효하다. '7년'은 방탄소년단도 블랙핑크도 피해 갈 수 없는 굴곡이었다. 다만 10여 년 사이 '7년'이 뜻하는 바가 적지 않게 변했다. 표준계약서가 처음 등장하던 시기만

---

* 2009년 7월 7일, 공정거래위원회가 제정한 '연예인 표준 약관에 따른 전속계약용 표준계약서'를 지칭하는 용어. 대부분의 계약서가 계약 유효기간을 '7년'으로 지정해 생긴 명칭이다.

해도 해당 서류의 갑은 어디까지나 기획사 측이었다. 표준계약서가 만들어지게 된 결정적 계기가 SM엔터테인먼트와 그룹 동방신기 멤버들 사이에 불거진 불공정 계약 논란 때문이라는 걸 모르는 사람은 없을 것이다. 기본적으로 10년이 넘는 건 물론, 부상으로 인해 활동을 쉬거나 남성 멤버의 경우 군입대 기간까지 고스란히 계약 연장에 반영되는 탓에 길게는 15년 이상을 한 회사와의 계약 관계에 묶일 수밖에 없는 상황이 불합리하다는 가수 측의 주장이었다.

아티스트 대부분이 십 대 시절 데뷔해 미성년자 시절 계약을 맺고 십 대, 이십 대에 활동 전성기를 맞이하는 경우가 대부분이다. 높은 기초 투자금을 이유로 신인일수록 회사 측에 유리한 조건을 띄기 마련인 케이팝 업계의 특성을 고려하면 확실히 아티스트에 불리한 계약인 게 맞았다.

이렇게 상대적으로 불리한 위치에 놓인 가수의 최소한의 권리 확보를 위해 등장한 '7년 표준계약서'는 시간이 지날수록 목적과 용법을 달리해갔다. 우선 기획사의 월권을 방지하기 위해 지정한 최소 기간 '7년'의 의미가 점차 바뀌었다. 2009년만 해도 가수의 권리를 보호하는 데 필요했던 7년은 그로부터 10여 년이 지난 후 어떤 회사와 가수들에게는 너무 긴 기간으로 변했다. 최소 계약 기간을 다 채우지 못한 채 서로의 합의하에 공중분해되는 그룹이 적지 않았다. 반대의 경우도 마찬가지로 늘어났다. 데뷔 1~2년 이내 성과를 내지 못하면 '망돌(망한 아이돌)'이라는 소리를 듣는 게 당연하던 아이돌 그룹들은 성공까지 필요한 기간을 훨씬 길게 잡게 되었다. 케이팝 2세대를 거치며 아이돌 숫자가 기하급수적으로 늘어나며 시장 자체의 경쟁이 심화된 탓이다. 운 좋게 활동 초기, 인기 궤도에 오른 그룹은 계약이 만료되는 7년이 되기 1~2년 전 미리 재계약을 체결하고 이를 언론에 널리 알리는 경우가 많았다. 이는 대부분 자신들이 그룹으로서 건재하다는 사실을 널리 알려 기존 팬덤의 결속력을 강고히 하고 그를 바탕으로 한 장기 계획을 세우기 위한 실리적인 판단이 깔려 있다.

전 멤버가 재계약을 하지 않으면 팀 해체가 당연하다는 인식도 상당히 옅어졌다. 일부 멤버만 재계약을 하거나, 나아가 누구도 기존 소속사와 재계약을 하지 않은 상태라도 팀 이름을 유지하며 언젠가 찾아올 재결합과 완전체 활동을 기약하는 경우가 점점 늘고 있다. 이런 경우에는 이들의 첫 전성기를 함께한 회사가 팀 활동을 관리하곤 하지만, 그조차 정해진 법칙은 아니다. 아이돌 그룹은 이제 더 이상 7년이 두렵지만은 않았다. 자신들이 처한 상황과 환경에 따라 언제든지 헤어졌다 모일 수 있고, 그 사이 다시 하나의 목소리로 같은 꿈을 꾸던 시절로 돌아갈 수 있다는 희망의 징표를 곳곳에 숨겨 놓는다.

바야흐로 아이돌 장수시대가 도래했다.

2022년, 다시 만난 그들

2024년 여름, 케이팝 커뮤니티는 잊을 만하면 "지금이 대체 몇 년도냐"며 술렁였다.

각각 2010년과 2012년에 데뷔한 2세대 보이그룹 인피니트와 B.A.P가 오랜만의 활동 소식을 알렸다. 2023년도에 그룹 이름을 딴 '인피니트 컴퍼니'를 설립하며 단독 콘서트 개최와 함께 본격적인 완전체 활동을 선언한 인피니트는 자신들의 브랜드 팬미팅 '무한대집회'를 개최했다. 2017년 이후 7년 만에 여는 팬미팅이었다. 이들은 기획사 울림 엔터테인먼트의 이중엽 대표로부터 인피니트와 관련된 모든 상표권을 조건 없이 이양받는 케이팝 씬의 드문 미담을 흩뿌리며 순조로운 제2막의 시작을 알리기도 했다.

한편 B.A.P는 상대적으로 사정이 조금 복잡했다. 과거 계약 문제로 인한 소속사와의 긴 법정 분쟁으로 활동에 큰 어려움을 겪은 이들이었던 만큼 멤버들이 다시 모이기까지도 순탄치 않은 길이었다. 특히 2018년에는 멤버 힘찬이 성추문에 휘말리며 재결합이 더욱 어려워지는 게 아니냐는 우려 섞인 목소리가 나오기도 했다. 쉽지 않은 시간을 거친 이들은 '방용국&정대현&유영재&문종업'이라는 길고 직관적인 이름으로 2024년의 가요계에 과감히 새 도전장을 내밀었다. 새로운 이름으로 내놓은 미니앨범 《CURTAIN CALL》과 타이틀곡 〈Gone〉은 B.A.P 전성기의 파괴적일 정도로 강렬한 음악과는 전혀 다른 궤였지만, 앨범 표지에 등장한 그룹의 트레이드 마크 마토키로 적지 않은 케이팝 팬들의 추억을 자극했다. 비록 상표권 문제로 다른 활동명을 사용할지언정 자신들은 여전히 B.A.P라는 하나의 이름 아래 놓여 있다는 선언 같은 이미지였다.

여기에 이 분야의 끝판왕이라 할 수 있는 걸그룹 2NE1도 다시 항해의 깃발을 올렸다. 지금까지도 케이팝 씬에서 '유일무이한 걸그룹'으로 남은 이들이 알린 새 소식은 데뷔 15주년을 기념하는 월드투어였다. 비단 케이팝뿐만이 아닌 2NE1을 기억하는 사람이 모인 거의 모든 인터넷 커뮤니티를 술렁이게 만든, 반가운 소식이었다. 이들의 귀환은 「2024 투애니원 콘서트 '웰컴 백' 인 서울2024 2NE1 CONCERT 'WELCOME BACK' IN SEOUL」 공연으로 본격적인 닻을 올릴 예정이었다. 해당 공연이 열리는 10월을 시작으로 이미 확정된 일본 고베, 도쿄를 포함한 글로벌 투어에 나선다는 계획이었다. 대중의 반응은 무척이나 뜨거웠다. 8월에 열린 서울 공연의 예매는 동시 접속자만 40만 명 이상이 몰리며 이들을 향한 대중의 변함없는 관심을 확인시켰다. 예상을 훨씬 웃도는 반응에 공연이 추가되었지만 그 역시 순식간에 매진이었다. 인터넷에서는 서울 올림픽공원 올림픽홀에서 열리는 공연 규모를 두고 "2NE1은 주제를 알아야 한다"

는 반어법이 한탄처럼 유행하기도 했다.

오랜만에 만나는 반가운 이름과 그에 대한 대중의 뜨거운 반응이 처음은 아니었다. 오히려 이제는 어느 정도 익숙해졌다고 보는 편이 맞을지도 모른다. 이전에도 예능 프로그램을 통해 부활한 젝스키스, H.O.T. 등 1세대 보이그룹 재결합에 대한 폭발적 반응이 있었고, 신화나 god처럼 원조 장수 그룹으로 팬들과 함께 나이 들며 자신들만의 역사를 만들어가는 그룹도 존재했다. 유튜브 채널 「문명특급」의 '숨듣명'처럼 과거를 그 시절 케이팝으로 추억하는 콘텐츠가 흥하기도 했다.

그러나 최근의 장수 아이돌들은 그보다 훨씬 일상적이고 보편화된 양상을 띤다. 조금 더 풀어 말하자면 '1세대'나 '최장수 아이돌'이라는 상징적인 계급장을 뗀 자리에 그룹의 완성도와 직업인으로서의 책임감이 자리 잡은 모양새였다. 어떤 명분을 위한 장수가 아닌, 하나의 이름 아래 우리가 지금까지 함께 만들어 온 시간이 앞으로 어떤 식으로든 계속될 것이라는, 한 시절을 같이 통과한 사람들에게 전하는 조용한 다짐에 가까운 움직임이었다.

이 조용한 움직임이 대폭발을 일으킨 건 2022년이었다.

그해 케이팝의 가장 큰 이슈 가운데 하나는 데뷔 15주년을 맞은 그룹 소녀시대와 카라KARA의 컴백이었다. 카라가

2007년 3월, 소녀시대가 그해 8월에 데뷔했다. 데뷔 동기인 이들은 역시 같은 해인 2022년도에 각자의 방식으로 15주년을 기념한 활동을 펼쳤다.

먼저 소식을 전한 건 소녀시대였다. 2022년 8월 5일, 15년 전 데뷔일에 꼭 맞춘 컴백을 기획한 이들은 일곱 번째 정규 앨범 《FOREVER 1》을 발표했다. SM을 대표하는 작곡가이자 소녀시대의 데뷔곡 〈다시 만난 세계 (Into The New World)〉를 만든 켄지가 참여한 신곡 〈FOREVER 1〉은 팬과 대중 모두가 소녀시대라는 이름에 기대하는 거의 모든 것을 총집합한 노래 그 자체였다. 시원시원한 멜로디가 이끄는 청량한 댄스팝에 "사랑해 너를", "널 생각하면 강해져" 같은 소녀시대의 시그니처 노랫말이 얹혔다. 여기에 지난 15년 동안 멤버 한 사람 한 사람의 성장을 담아낸 듯한 뮤직비디오는 정상에서 15년을 보낸 아이코닉한 케이팝 걸그룹의 화려한 기념일을 자축하는 세리머니였다. 타이틀곡뿐만이 아닌 앨범 전반에 걸쳐 드러난 높은 완성도는 소녀시대라는 '국민 걸그룹'의 이름값에 준했다.

카라의 귀환은 그보다 조금 늦은 11월에 이루어졌다. 컴백도 소녀시대보다 조금 더 오랜 시간이 걸린 7년 만이었다. 카라의 경우 소녀시대에 비해 그룹을 둘러싼 상황이 훨씬 복합적이었다. 멤버 가운데 윤아, 태연, 효연, 유리가 데뷔 소속사인 SM엔터테인먼트에 여전히 남아 있어 15주년을 준비하는 게 훨씬 수월할 수밖에 없었던 소녀시대에 비해, 카라는 멤버 전원이 각기 다른 회사와 계약된 상태였다. 여기에 심지어 과거한 팀으로 활동한 적이 없는 멤버가 함께해야 했다.* 여러 가지로 복잡한 고려 사항에도 불구하고 카라를 어렵사리 다시 뭉치게 한 가장 큰 두 축은 멤버들의 인터뷰로 추측컨대 카라라는 그룹에 대한 자부심과 안타깝게도 일찍 세상을 떠난 멤버 구하라에 대한 깊은 애정의 공유였다.**

마침내 2022년, 한일 양국을 호령하던 전성기 시절 카라 특유의 깨끗하고 힘찬 에너지를 그대로 담은 타이틀곡 〈When I Move〉와 미니 앨범 《MOVE AGAIN》이 발표되었다. 앨범은 소녀시대의 《FOREVER 1》처럼 팬과 대중 사이 일관적으로 호의적인 반응을 끌어냈다. 특히 앨범 발표 후 음악전문채널 엠넷의 연말 시상식 「2022 MAMA Awards」를 통해 7년 만에 선보인 카라 완전체 무대는 케이팝을 오랫동안 지켜봐 온 이라면 누구나 마음 한구석에 뭉클한 울림을 느낄 수 있었을 것이다. 이들의 무대 완성도는 충분히 훌륭했다.

케이팝 2세대, 나아가 케이팝 전성기를 대표하는 두 걸그

*　막내 허영지는 카라에서 니콜과 강지영이 탈퇴한 이후인 2014년 7월부터 카라에 합류해 활동했다.

**　5인조로 활동하고 있지만, 그룹 멤버를 표기할 때 구하라를 포함한 6인조 표기를 유지하고 있다.

룹의 활약은 2022년을 뒤흔든 4세대 걸그룹 전성시대와 맞물리며 걸그룹에 대한 대중과 업계의 반응을 전과는 완전히 다른 방식으로 바꿔 놓았다. 그도 그럴 것이, 이전까지 케이팝의 각 세대를 이끈 그룹의 면면과 장수 그룹이라는 타이틀 모두 대부분 보이그룹의 몫이었다. 아이돌 조상님으로 불리는 H.O.T.의 탄생부터 유구하게 이어져 온 이 전통 아닌 전통은 케이팝 세상에 오랫동안 구전처럼 전해진 '보이그룹은 팬덤, 걸그룹은 대중'이라는 속성과 깊은 관계를 맺는다.

결국 중심은 팬덤이었다.

케이팝이라는 특정 장르의 산업 구조 안에서 시대의 새로운 패러다임을 개척해 나가기 위해서도, 첫 계약보다 가수에 훨씬 유리한 재계약을 위한 담보물로써도 충성도 높은 팬은 무엇보다 중요한 요소였다.

잘 구축된 팬덤은 그 어떤 불확실 속에서도 안정된 수익 창출을 약속하는 아이돌 그룹의 보장된 미래였다. 인기 보이그룹에게는 당연하게 주어져 온 이 선택지가 걸그룹에게는 좀처럼 드문 기회였다. 오랫동안 걸그룹의 활동 목표는 어디까지나 팬덤 형성이 아닌 대중성 획득이었다. 걸그룹은 열정적인 팬덤보다는 히트곡과 행사 중심의 수익 구조를 만드는 데 대부분의 활동 에너지를 모았고, 또는 높은 대중성을 가진 특정 멤버의 인기에 기대 7년 정도의 활동을 채운 후 각자의 길을 걸어

가는 경우가 대부분이었다. 3세대 이전까지만 해도 당연하게 여겨지던, 걸그룹의 쓸쓸하지만 평범한 일생이었다. 2022년의 상황만 봐도 이러한 케이팝 씬의 오랜 고정관념의 잔재가 어느 정도 짐작되는 부분이 있다. 예를 들어 소녀시대와 카라의 컴백이 그토록 주목받은 건 15주년이라는 숫자가 주는 무게감과 이들이 오랜 시간 동안 건재하게 활동하고 있는 보기 드문 걸그룹이기 때문이었다. 소녀시대는 5년, 카라는 7년이란 공백기를 가졌음에도 그러하다.

이들과 비슷한 시기 데뷔한 보이그룹들의 활약상을 비교해 보면 이들의 상징적 면모가 더욱 도드라진다.

두 그룹보다 한 해 앞선 2006년에 데뷔한 보이그룹 빅뱅은 그룹 멤버와 소속사 모두가 케이팝 씬은 물론 한국 사회 전체를 들었다 놨다고 해도 과언이 아닌 역대급 위기 상황을 겪었음에도 불구하고 2022년에는 4년 만의 디지털 싱글 《봄여름가을겨울 (Still Life)》을 발표하며 연간 음원 차트 7위를 기록했다. 막내 태민의 제대와 동시에 2021년부터 완전체 활동을 재개한 그룹 샤이니는 정규 앨범 발매와 단독 공연, 솔로 활동을 이어가며 2023년에 맞이할 15주년을 위한 폭풍 질주를 이어가고 있었다. 전 소속사 큐브 엔터테인먼트와의 상표권 분쟁으로 하이라이트로 이름을 바꾼 비스트는 2017년부터 자신들이 설립한 어라운드어스엔터테인먼트를 통해 독자적인 활동을 이어나갔다. 2022년 한 해 동안 정규 《DAYDREAM》과 미니 《AFTER SUNSET》라는 두 장의 앨범을 발표할 정도로 왕성한 활동을 선보인 이들은 2024년에는, 하이라이트로 활동한 기간이 비스트로 활동한 기간을 넘어서는 역사적인 순간을 맞이하기도 했다.

한마디로 보이그룹의 경우 걸그룹에 비해 훨씬 안정적이고 다양한 방식으로 장수 그룹으로서 완전체 활동을 이어나갈 수 있는 여건이 이미 다져져 있었다.

그 기반은 언제나 그렇듯 케이팝의 위대한 축, 팬덤이었다.

강산이 몇 번을 변해도 절대 변하지 않을 것만 같던 분위기에 균열을 만든 대표 사례로 걸그룹 소녀시대와 트와이스를 다시 주목하고 싶다.

특히 소녀시대의 경우, 이력을 살펴보면 볼수록 이들을 노래 〈Gee〉로 시대를 풍미한 인기 걸그룹 정도로 단순화시키는 것이 얼마나 얄팍한 일인지를 깨닫게 된다. 소녀시대의 팬덤 소원SONE은 "걸그룹은 팬덤 만들기 어렵다"는 말이 정설처럼 여겨지던 2000년대 후반부터 큰 규모와 뛰어난 화력으로 주목받았다. 그때나 지금이나 케이팝에서 팬덤 크기를 가늠하는 가장 쉬운 기준은 앨범 판매량이다. 소녀시대는 2010년을 전후한 활동 당시 웬만한 보이그룹도 넘지 못할 정도의 높은 앨범 판매량으로 활동 때마다 화제를 몰고 왔다. 2009년 1월에 〈Gee〉로 케이팝 씬을 평정한 이후 발표한 미니 2집《소원을 말해봐 (Genie)》는 총판매량 10만 장을 넘기며 2007년에 발표한 정규 1집에 이어 다시 한번 10만 장 걸그룹으로서의 위용을 과시했다. 이후에도 꾸준히 상승한 이들의 국내 앨범 판매량은 정식 일본 진출 이후 일본 내 앨범 판매량과 시너지를 일으키며 한일 양국에서 케이팝이 탄탄하게 자리를 잡는 데 큰 역할을 했다. 소녀시대가 2010년도에 발표한 일본 첫 정규 앨범은 일본에서만 68만 장 이상 판매되었으며, 당시 일본에서 발매된 해외 아티스트의 데뷔 앨범 중 최고 판매량을 기록했다.

트와이스의 경우, 앞서 언급한 것처럼 걸그룹 앨범 판매량에 있어서 살아있는 역사라 해도 과언이 아닌 그룹이다. 이들은 엠넷의 서바이벌 프로그램 「프로듀스 101」 출신으로 데뷔 전 이미 탄탄한 팬덤을 만든 그룹 아이오아이I.O.I와 함께 2016년을 시작으로 걸그룹 앨범 판매량의 신기원을 써 내려 갔다. 트와이스의 활약이 대단한 건 비단 앨범 판매량만이 아닌 음원 성적도 좋았다는 점이다. 트와이스는 데뷔곡 〈OOH-AHH하게〉를 시작으로 〈CHEER UP〉, 〈TT〉 등 대형 히트곡을 연이어 발표한 것은 물론, 일본을 중심으로 한 폭넓은 글로벌 지지층을 확보하며 그 어렵다는 대중성과 팬덤이라는 두 마리 토끼를 모두 잡았다. 걸그룹과 보이그룹을 통틀어 좀처럼 보기 드문 사례였다. 2020년대에 들어 이들이 일본과 미국의 스타디움 공연장*을 마치 도장 깨기처럼 깨나가며 단독 공연을 이어갈 수 있었던 건 이렇듯 남다른 역사가 뒷받침되었기 때문이다. 2022년, 이런 성과를 기반으로 트와이스는 JYP엔터테인먼트와 전원 재계약을 체결했는데, 이 역시 앞선 세대의 인기 장수 보이그룹과 흡사한 길을 걸었다 할 수 있는 결과였다.

그때와 같고 또 다른 장수 아이돌

2010년대에 들어 급변하기 시작한 케이팝 생태계 속 장수 아이돌은 어느덧 특정 그룹에 해당되는 특이한 케이스가 아닌 케이팝의 보편에 가까워지고 있다. 장수 아이돌이라 하면 떠오르는 이름이 어느 정도 정해져 있던 시절과 체질도 양상도 달라지고 있는 것이다.

7년 표준계약서가 보장하는 대상도, 보이그룹과 걸그룹 사이 뚜렷이 나뉘어 있던 역할값도 바뀐 세상 속에서 장수 아이돌을 바라보는 대중과 팬의 기준에서 해당 어젠다에 실제로 임

---

*   최소 3만 석 이상, 많게는 10만 명까지 수용할 수 있는 규모를 가진 공연장으로, 스타디움 투어는 톱스타의 상징으로 여겨진다.

하는 가수들의 마음가짐까지 자연스레 변했다.

　장수 아이돌의 정의부터 그렇다. 표준계약서에 명기된 '7년'이 절대적 기준이었던 시기에는 무사히 '마의 7년'을 넘기고 재계약을 한 그룹이라면 누구나 장수 아이돌로 부르는 경향이 있었지만, 최근에는 최소 10년 이상 활동한 그룹을 장수 아이돌이라 부르는 추세다. 그도 그럴 것이, 실제로 10년 이상 활동하는 아이돌의 숫자가 부쩍 늘었다. 덕분에 아이돌의 활동 연차가 높아질수록 인기는 반비례한다는 속설도 점차 무너졌다.

　IFPI의 2023 글로벌 앨범 세일즈 차트를 다시 한번 보자. 해당 차트 기준, 활동 7년 차를 넘어선 그룹은 엑소(2012년 데뷔), 방탄소년단(2013년 데뷔) 멤버들의 솔로작, 세븐틴(2015년 데뷔), 엔시티 127과 엔시티 드림(2016년 데뷔)이 있다. 2010년 전후만 해도 모두 7년 재계약 앞에서 활동에 힘이 한참 빠졌을 가능성이 높은 연차다. 이는 케이팝 씬이 점차 성숙해가고 있다는 결정적인 신호 가운데 하나였다. 아이돌팝을 중심으로 한 케이팝은 한 해 한 해 나이를 먹어가고 있었고, 그 안에서 2024년을 기준으로 4세대까지 가지를 뻗어 나갔다.

　매해 쏟아지는 신인만큼이나 연륜과 관록을 자랑하는 장수 아이돌들의 숫자가 늘어갔고, 새것만 찾아 헤매던 케이팝 팬덤 안에서는 안정적인 무대와 능숙한 매너를 가진 아이돌 그룹에 대한 소구가 서서히 높아졌다. 하루가 멀다 하고 터지는 아이돌 그룹 안팎을 둘러싼 사건, 사고에 시달린 케이팝 팬들 사이에서는 당장 내일 무슨 일이 일어날지 몰라 불안한 신인보다는 큰 탈 없이 오랫동안 활동해온, 한마디로 일종의 '검증'이 된 그룹을 좋아하는 게 낫다는 의견이 일부 커뮤니티를 중심으로 높은 지지를 얻기도 했다.

다층적으로 진화한 케이팝 안에서 그룹 해체도 입체적인 형태로 분화되었다. 재계약 실패는 곧 그룹 해체라는 불문율은 한참이나 과거의 일이 되어 버렸다. 소속사와 계약은 해지하더라도 그룹으로서의 정체성은 그대로 유지하며 언제 올지 모를 미래를 기약하는 그룹이 많아졌다. 형태는 해체라도 '해체'라는 단어를 직접적으로 언급하는 그룹은 상당히 줄었다. 케이팝 씬 내부에서 하나의 완결된 그룹이 가진 브랜드 가치가 생각보다 훨씬 높다는 걸 깨달은 이들이 늘어난 것이다.

드디어 무언가 깨달은 선배들의 달라진 행보를 보며 자란 후배들은 새로운 현실에 보다 적극적으로 임했다. 이들 대부분은 데뷔를 준비하는 연습생 단계부터 아이돌을 단지 잠시 스쳐가는 어린 시절의 추억이 아닌 평생 직업으로 삼고 매사에 진지하게 임했다. 이는 아이돌이라는 이름이 대중음악계나 사회적으로 부정적 꼬리표가 아닌 긍정적인 힘을 갖기 시작했다는 증거이기도 했다.

케이팝 씬의 순간들

실제로 장수 아이돌이 부쩍 늘어나기 시작한 건, 2010년 후반을 전후로 아이돌과 케이팝에 대한 시선이 달라지기 시작한 시점과 거의 일치한다.

아이돌 그룹을 중심으로 한 케이팝은 더 이상 예전의 아이돌팝이 아니었다.

외모를 내세우며 어린 세대만을 타깃팅하지도 않았고, 음악과 퍼포먼스에 있어서도 상향평준화라는 말이 어울릴 정도로 준수한 완성도를 자랑했다. 이와 같은 콘텐츠의 질적 성장은 유튜브의 발달과 함께 한국 시장을 넘어선 해외에서 좋은 반응을 얻기 시작했고, 이는 케이팝과 아이돌 그룹에 대한 국내 인식을 성장시키는 주요 동력으로 작용했다. 한국인이라면 굳이 설명하지 않아도 누구나 알고 있다시피 해외 특히 영미권에서의 인정은 한국 사회 전반에 있어 더할 나위 없는 훈장이자 명예로 여겨지는 경향이 짙다. 멜론보다 빌보드가, MAMA보다 아메리칸 뮤직 어워드가 가까워진 케이팝은 한국을 빛낸 대표적인 문화 콘텐츠 위치에 당당히 오르며 이전 세대와는 사뭇 다른 대접을 받았다.

아이돌이라는 단어가 품은 키워드가 십 대와 인기에서 실력과 인정으로 바뀌기까지 얼마나 많은 이들의 피땀 눈물이 있었는지 설명하려면 이 지면 전체를 써도 부족할 것이다.

한편 그렇게 부쩍 길어진 아이돌 수명과 완만해진 그룹 성장 곡선은 장수 아이돌의 세계관 속에서 서로에 가장 큰 영향을 미친 사례로 꼽힌다. 어느 쪽이 닭이고 달걀인지 명확히 구분할 수는 없지만, 서로 공을 주거니 받거니 하는 사이 '장수 아이돌'이라는 말이 어색하지 않은 시대가 도래했다. 시대의 변화 속에서 앞서 잠시 언급한 것처럼 데뷔와 동시에 반응이 오지 않으면 실패한 그룹이라 치부하는 현상은 이미 전생에 가까운 일이 된 지 오래다.

특히 케이팝 3세대의 활동이 본격화되기 시작한 2010년대 중반에서 후반에 걸쳐 데뷔하거나 전성기를 보낸 그룹의 경우 데뷔 4, 5년 차가 되어서야 비로소 눈에 보이는 성과를 내며 활동이 본격 궤도에 진입하는 아이돌이 부쩍 늘어나기 시작했다.

2015년도에 데뷔한 걸그룹 오마이걸이나 보이그룹 몬스타엑스MONSTA X가 대표적인 예다. 두 그룹은 각각 신비롭고 몽환적인 이미지와 테스토스테론이 흘러넘치는 무대로 데뷔부터 독보적인 색깔을 가진 그룹으로 평가받았지만, 뚜렷한 개성과 완성도에 비해 대중적 지표는 빠르게 올라오지 않았다. 이들이 아이돌 인기 궤도를 셈하는 지표 가운데 하나인 지상파 음악방송 1위를 차지한 날짜를 보면 데뷔 후 어떤 시간을 보냈는지 대략 짐작할 수 있는 부분이 있다. 오마이걸은 〈BUNGEE (Fall in Love)〉로 데뷔한 지 1,580일 만인 2019년 8월에, 몬스타엑스는 〈Shoot Out〉으로 데뷔한 지 1,269일 만인 2018년 11월에 지상파 1위를 차지했다.

케이팝 역사 속 장수 아이돌은 늘 있었다. 그러나 짧지 않은 시간 속, 체질이 바뀌었다.

1세대 장수 아이돌의 대표로 잘 알려진 그룹 신화의 경우를 보자. 1998년에 데뷔한 이후 긴 공백기는 있었을지언정 단 한 번도 해체를 언급한 적이 없는 유일무이한 그룹으로 국내 최장수 아이돌의 자리에 우뚝 선 이름이다. 여러 우여곡절 속에서도 멤버 탈퇴나 교체가 없었다는 점, 높아지는 연차에 맞는 성숙한 콘셉트를 조금씩 발전시켜 나간 점도 높이 평가하는 이들이 많다. 수백만 장 앨범을 팔거나 특정 시대를 언급할 때 가장 먼저 떠오르는 그룹은 아닐지 모르지만, 오랜 시간 팀워크를 다지며 꾸준히 살아남은 팀으로서의 가치를 인정받은 셈이다.

갖은 불공정 계약 속에서 마의 7년을 넘어서는 게 1차 목표였던 팀 대부분은 당연하게도 이들을 장수 아이돌의 기준으로 삼아왔다.

이제 2020년대를 기준으로 보자. 대세가 되었다는 4세대는 물론 케이팝 1, 2, 3세대가 자신들만의 방식으로 여전히 존재하는 곳에서, 장수 아이돌이 받는 스포트라이트는 얼마 전까지만 해도 상상조차 할 수 없었던 갖은 각도에서 쏟아졌다.

2021년, 샤이니는 온유, 키, 민호의 군 전역 후 발표한 정규 7집 《Don't Call Me》로 군백기 이후 새로운 전성기를 열었다는 평가를 받았다. 음반 판매량은 물론 음원 차트 성적도 좋았다. 그 해 10주년을 맞은 에이핑크는 기념 싱글 《고마워 (Thank you)》로 자신들의 시간이 여전히 흐르고 있음을 확인시켰다. 2022년에는 소녀시대와 카라가 15주년을 자축하는 활동을 가졌다. 세븐틴은 미니 10집 《FML》을 발매한 지 첫 주만에 무려 455만 장을 팔아치우며 데뷔 9년 차에 커리어 하이를 기록했다. 방탄소년단은 2022년 7월에 발매한 제이홉의 《Jack In The Box》를 시작으로 진, RM, 지민, 슈가, 정국, 뷔가 차례로 싱글과 앨범을 발표하며 2022년과 2023년에도 국내외를 막론한 케이팝 시장의 가장 뜨거운 감자로써 활약했다. 2023년 12월, 데뷔 9년 차가 된 트와이스는 케이팝 걸그룹 최초로 뉴욕 메트라이프 스타디움과 일본 닛산 스타디움에 입성했다. 2024년에는 데뷔 10주년을 맞이한 그룹 레드벨벳은 서울을 포함한 아시아 5개 지역에서 팬 콘서트 투어 「HAPPINESS: My Dear, ReVe1uv」의 개최를 알렸다.

지금, 이토록 화려하고 이토록 다양한 활약이 장수 아이돌 세계에서 펼쳐지고 있다. 케이팝 장수 아이돌은 더 이상 지난 세대의 영광이나 추억의 아이콘으로 머무르기를 원치 않는다.

미래의창

도서목록

홈페이지 **miraebook.co.kr**
페이스북 **facebook.com/miraebook**
인스타그램 **@miraebook**

미래의창

바이킹에서 메이플라워 호까지,
콜럼버스에서 일론 머스크까지
세계사의 주역은 언제나 이주민들이었다!

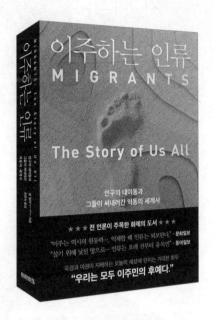

이주하는 인류
인구의 대이동과 그들이 써내려간 역동의 세계사

샘 밀러 지음 | 최정숙 옮김 | 424쪽 | 19,000원

인류의 뿌리, 이주의 역사를 탐험하는 책.
인류의 이주 역사를 통해 현대 이민 문제에 대한 통찰력 있는 해결책을 제시하
고, '이주'가 인간의 본질임을 밝히는 매력적인 역사서. 이 책은 인간이 단순히
전쟁과 빈곤을 피해 떠나는 존재가 아니라, 호기심과 모험심으로 세계를 탐험하
는 대담한 여행자임을 생생히 보여준다!

강력한 팬덤과 무너지지 않는 커뮤니티를 만드는 힘
브랜드가 곧 세계관이다

민은정 지음 | 256쪽 | 18,000원

**팬덤 브랜드를 만들고 싶은 기획자, 마케터,
경영인들의 필독서!**

"사람의 영혼을 움직이는 힘,
마침내 팬이 되게 하는 힘은 세계관에 있다"
30년간 수많은 브랜드에 숨을 불어넣은 최고의 전문가,
인터브랜드 CCO(Chief Content Officer)의 신작!

부의 권력과 투자의 흐름을 이해하는
세상 친절한 환율수업

노영우·조경엽 지음 | 288쪽 | 19,000원

**환율의 기본 개념부터 심화되는 세계 정세까지,
책 한 권으로 읽는 환율의 모든 것!**

우리 일상과 국가 정책, 세계 각국 간의 정치·경제적
구도, 디지털 세상과 점점 더 밀접해질 미래 경제까지,
이 책을 통해 우리 삶을 이끌 환율의 모든 것에 대해
알아보자.

얼굴과 몸이 나타내는 신체 언어를 읽는다
감출 수 없는, 표정의 심리학

디르크 아일러트 지음 | 손희주 옮김 | 296쪽 | 18,000원

**세계적인 표정 전문가가 알려주는
흥미진진하고도 더없이 실용적인 신체 언어의 세계**

거짓말하는 대통령, 진실을 이야기하는 배우,
자신감 넘치는 축구 선수, 비밀을 숨기려는 배우자…
표정 전문가와 함께 그들의 신체 언어에 담긴
수수께끼를 풀어보자.

뉴스가 들리고 기사가 읽히는
세상 친절한 경제상식

토리텔러 지음 | 296쪽 | 17,000원

**경제를 알려면 뉴스를 봐야 하고,
뉴스를 보려면 기초를 다져야 한다!**

수많은 '경알못'들의 경제 가이드가 되어준 스테디셀러,
최신 개념과 이슈로 업그레이드되다!
세상을 읽는 힘이 되어주는 가장 친절한 경제 이야기!

세계 최고 기업에서 배우는 승리의 유일한 원칙
공격의 전략

베넘 타브리치 지음 | 김성아 옮김 | 400쪽 | 21,000원

**위기의 시대를 돌파하는 유일한 승리의 원칙
'공격하는 자가 살아남는다!'**

창업 당시의 비전을 버려라. 당장 필요한 새로운 전략을
수립하라! 공격의 전략은 당신을 지속가능한 성공의
길로 이끌 것이다!

경제와 금융이 손에 잡히는
세상 친절한 금리수업

조경엽·노영우 지음 | 280쪽 | 18,000원

**경제와 금융이 손에 잡히는
누구나 쉽게 이해할 수 있는 금리 이야기!**

금리는 어떻게 결정되는 걸까? 금리 인상 또는 인하하는
내 자산에 어떤 영향을 미치나? 금리는 돈에 대한 시간
의 값이다. 우리가 몰랐던 금리의 모든 것!

"수학의 세계는 은유의 근원이라고 할 수 있다!" 미국 수학협회 오일러 북 프라이즈 수상작!

모비 딕의 기하학부터 쥬라기 공원의 프랙털까지
수학의 아름다움이 서사가 된다면

새러 하트 지음 | 고유경 옮김 | 416쪽 | 18,500원

영국에서 가장 오래된 그레셤 기하학 교수직을 맡고 있는 수학자 새러 하트(Sarah Hart)가 문학 속에 숨겨진 수학적 개념들을 다층적으로 해석하며, 수학이 어떻게 창조적 서사의 중요한 요소로 작용하는지 탐구한다.

역사의 현장에서 우리가 할 수 있는 최소한의 역할 오해와 편견에 가려진 이슬람을 알아야 한다

1400년 중동의 역사와 문화가 단숨에 이해되는
세상 친절한 이슬람 역사

존 톨란 지음 | 박효은 옮김 | 392쪽 | 19,800원

이슬람 역사의 전체 흐름을 다루면서, 오늘날 중동 문제의 역사적 기원과 전개 과정을 풀어내고 이슬람의 풍성하고 다양한 면면들을 제시한다. 이슬람 세계가 낯선 사람들도 이 책을 따라가다 보면 자연스럽게 이슬람에 대한 균형 잡힌 지식을 습득하고, 오늘날의 세계에 관해 새로운 시각을 얻을 수 있을 것이다.

대한민국 1위 트렌드서, 『트렌드 코리아』가 청소년판으로 돌아왔다! 미래 설계를 위해 꼭 알아야 할 7대 키워드!

청소년을 위한 김난도 교수의 트렌드 수업 1
"내일을 준비하는 청소년을 위해, 친절하게 다시 썼습니다"

김난도 지음 | 224쪽 | 15,000원

트렌드는 돈을 벌고, 만나서 관계를 맺고, 살아가는 방식까지 바꾼다. 복잡한 경제/사회적 흐름 속에서, 진로를 결정하고 미래를 설계하기 위한 도구로써 이 책을 활용해보자. 시사정보는 물론이고 문해력과 분석력, 논리력까지 겸비한 최상위 10대로 거듭날 수 있을 것이다.

아마존 선정 2024 올해의 베스트셀러!
〈뉴욕타임즈〉, 〈워싱턴 포스트〉의 강력 추천!
알고리즘이 우리의 모든 것을 지배하고 있다!

필터월드
알고리즘이 찍어내는 똑같은 세상

카일 차이카 지음 | 김익성 옮김 | 432쪽 | 21,000원

구글, 페이스북, 넷플릭스, X(트위터), 틱톡… 오늘날 우리가 마주하는 온갖 알고리즘이 정보를 지배하고 인간의 지각과 관심을 조종한다. 이렇게 방대하고 분산되어 있으면서도 서로 얽혀 있는 알고리즘 네트워크가 지배하는 세상을, 우리는 '필터월드Filterworld'라고 부르기로 했다.
디지털 문화 전문 저널리스트가 파헤친 알고리즘의 진실, "알고리즘은 세계를 일반화하고 동질화한다."

"오늘도 혼자 견디고 있나요?"
당신의 마음, 관계, 그리고 삶을 돌보는
심리상담사의 따스한 안내서

그래도 사는 동안 덜 괴롭고 싶다면
인생에 도움이 되는 어느 상담사의 노트

최효주 지음 | 296쪽 | 18,000원

효과적인 기분 관리법부터 인간관계 팁까지, 당신의 불안을 다독여줄 베테랑 상담사의 조언들! 습관 형성 비결부터 사회생활 팁까지, 효율적인 감정 관리법부터 갈등 해결법까지! 46가지의 솔루션으로 정리된 저자의 심리 노트!

캘선생이 건네는 진짜 위로와 조언
"불안은 대부분 당연합니다!
그게 무기이거든요!"

오늘 하루 꽤 나쁘지 않았어
정신과 의사 캘선생의 하루 한 장 상담

유영서 지음 | 352쪽 | 16,800원

꼬리에 꼬리를 무는 걱정에 잠 못 드는 날은 이제 그만! 일상을 뒤흔드는 크고 작은 문제들에 정신과 의사 캘선생이 254개의 답변을 건넨다. 감정이 불안한 오늘 하루에 캘선생의 조언은 작은 위로와 응원이 될 것이다.

맥킨지 논리력 수업
문제의 핵심을 꿰뚫는 5단계 구조화 전략 사고법

저우궈위안 지음 | 차혜정 옮김 | 320쪽 | 16,000원

**지식의 경계가 흐려지는 시대,
논리력을 갖춘 자만이 살아남는다**

생각을 구조화하고 핵심만 전달하라!
세계 최고의 컨설팅 회사 맥킨지의 비밀 병기,
'5단계 구조화 전략 사고법'

수소 머니전략
향후 10년 반드시 찾아올 부의 기회를 잡고 승자가 되는 법

나승두 지음 | 240쪽 | 18,000원

**국내외 산업 전망부터 유망 주식·ETF 분석까지
당신의 지갑을 불려줄 수소 투자 가이드**

"또 한 번의 정책 모멘텀이 온다!"
에너지 산업의 게임 체인저, 수소가 만드는
거부할 수 없는 부의 흐름에 올라타라.

수소 자원 혁명
지구를 위한 마지막 선택, 수소가 바꾸는 미래

마르코 알베라 지음 | 김종명 옮김 | 368쪽 | 19,000원

**수소가 재편하는 부와 권력의 미래
이제 '수소'를 알아야 '세계 경제'를 알 수 있다**

수소가 어떻게 미래의 답이 되는지,
전 세계는 왜 수소 기술에 집중할 수밖에 없는지,
'세계적인 에너지 리더'가 그 답을 제시한다.

"투자는 지적 모험이다"
유럽 증권계의 '위대한 유산'
앙드레 코스톨라니 최후의 역작

투자분야
부동의
스테디셀러

출간
22주년기념
양장특별판

▲ 3 실전 투자강의

▲ 2 투자는 심리게임이다

▲ 1 돈, 뜨겁게 사랑하고 차갑게 다루어라

코스톨라니 투자총서(전 3권)

앙드레 코스톨라니 지음 | 1권 16,000원, 2~3권 17,000원

유럽 제일의 투자자 코스톨라니가 넘치는 기지와 유머로 돈의 매력을 탐지하며 증권 거래와 투자심리에 중요한 변수가 되는 비밀과 기술을 설명하고 있다. 그는 21세기 증권시장의 기회와 위험, 그리고 상승과 하락의 변화에 대한 전망을 제시한다. 이 책에는 돈에 관한 세계사적인 사건들과 저자의 수많은 투자 경험, 돈과 투자에 대한 철학이 담겨 있다.

노르웨이처럼 투자하라
꾸준히, 조금씩, 착하게,
세계 최고의 부를 이룬 북유럽 투자의 롤모델

클레멘스 봄스도르프 지음 | 김세나 옮김 | 256쪽 | 16,000원

**세계 최고의 국부펀드에서 배우는 가치투자의 공식
투자자들이여, 노르웨이를 보라!**

오랜 시간 숙성해 더욱 깊어진 맛과 신용으로 새롭게 떠오르는 케이팝의 든든한 한 축으로서의 존재감을 빠르게 다져가고 있는 이들, 바로 장수 아이돌이다.

정규

FOREVER 1

소녀시대
발매일 2022.08.05

케이팝에서 소녀시대가 차지하는 지위는 독보적이다. 높은 대중인지도와 대형 팬덤을 함께 보유한 드문 걸그룹인 동시에 시대를 대표하는 히트곡 〈Gee〉에서 '케이팝의 보헤미안 랩소디'라 불리는 〈I Got A Boy〉까지 아우르는 너른 음악 카탈로그를 보유한 모두의 소녀, 그게 바로 소녀시대다. 그런 이들이 15주년을 기념해 발표한 앨범 《FOREVER 1》은 소녀시대라는 이름이 가진 무게와 그를 위해 차곡차곡 쌓아온 지난 15년의 세월을 꼼꼼히 담아냈다. 케이팝 대표곡이자 이제는 시대의 앤썸 anthem˚ 자리에 오른 데뷔곡 〈다시 만난 세계 (Into The New World)〉의 요소를 절묘하게 콜라주한 타이틀곡 〈FOREVER 1〉에는 켄지가 작사·작곡으로 참여했으며, "사랑해 너를", "널 생각하면 강해져" 같은 소녀시대의 대표 가사를 되살려 의미를 더했다. 앨범 하나에 소녀시대의 시작에서부터 지금까지의 시간에 축배를 드는 축제의 장이 완성된 셈이다. 이외에도 앨범에 수록된 10곡 모두가 소녀시대의 빛나던 시절에 각각의 스포트라이트를 비춘다. 한마디로 데뷔일에 맞춘 발매일까지, 15년이라는 세월과 기념의 의미를 정확히 겨냥한 영민한 앨범이라 볼 수 있다.

스페셜

MOVE AGAIN

카라
발매일 2022.11.29

카라가 케이팝 팬들의 곁으로 다시 돌아올 거라고 예상한 사람은 드물었다. 그룹은 짧지 않은 시간 동안 멤버 탈퇴와 새 멤버 영입을 겪었고, 그사이 안타까운 사건으로 소중한 이를 잃기도 했다. 도무지 쉽게 봉합될 것 같지 않은 깊은 상처 속에서 2022년, 새출발 신호를 울린 카라는 모두 다섯 명이었다. 팀을 떠났던 니콜과 강지영이 돌아왔고, 그들의 빈자리를 채워둔 허영지도 함께였다. 같은 시기 활동한 적 없는 멤버들이 전부 모여 한 팀으로 활동하는 좀처럼 드문 구성이었다. 그렇게 발표한 카라의 〈WHEN I MOVE〉는 한국과 일본을 동시에 호령하던 이들의 전성기를 겪어 보지 못한 사람도 어딘가 마음 한구석을 뭉클하게 만드는 데가 있었다. 사랑스러우면서도 강하고, 화려하면서도 친근한 카라 특유의 분위기가 변함없이 그대로였다. 비록 네 곡이 전부인 작은 미니 앨범이었지만, 카라의 맑은 에너지를 그리워한 이들에게는 충분히 만족스러울 만했다. 카라라는 이름이 가진 생각보다 강력한 힘을 또 한 번 깨닫는 계기가 되었다.

˚ 중요한 의미를 지니는 음악.

EP

FML

세븐틴
발매일 2023.04.24

《FML》은 세븐틴의 열 번째 미니 앨범이다. 솔직히 말해 미니 10집 정도 되면, 케이팝 평균을 기준으로 해당 그룹에 전성기를 선물하기에는 너무 많은 숫자다. 그러나 세븐틴의 점프력은 중력을 거슬렀다. 이들로서는 드물게 두 곡(〈손오공〉, 〈F*ck My Life〉)을 더블 타이틀로 내세운 앨범은 이례적인 선택만큼 앨범 발매 당시 세븐틴과 케이팝이 앞에 놓인 상황을 그대로 설명해주었다. 2015년 데뷔 당시부터 세븐틴의 핵심이었던 짜임새 좋은 압도적인 퍼포먼스를 앞세운 〈손오공〉과 케이팝의 다음 단계 취급을 받던 팝 친화적인 사운드를 이지리스닝으로 푼 〈F*ck My Life〉는 활동 9년 차, 새로운 도약을 앞둔 그룹의 현재 그 자체였다. 그리고 세븐틴은 그 현재의 가능성을 결국 현존하는 미래로 만들었다. 《FML》은 발매 첫 주에만 450만 장 이상을 판매하며 영원히 바뀌지 않을 것 같은 초동 판매량 1위 자리에 올랐다. 기세는 그해 10월에 발표한 앨범 《SEVENTEENTH HEAVEN》까지 이어지며 케이팝과 한국 대중음악 앨범 최초 초동 판매량 5백만 장이라는, 앞으로도 한동안 깨지기 힘든 기록을 만들어 냈다.

EP

13egin

인피니트
발매일 2023.07.31

이들의 일곱 번째 미니 앨범 《13egin》에는 두 가지 큰 의미가 있었다. 하나는 멤버 전원이 군복무를 마치고 돌아왔다는 점, 다른 하나는 인피니트라는 이름이 온전히 멤버들의 것이 되었다는 점이었다. 이전 앨범과 5년이라는 짧지 않은 공백기를 두고 발표된 앨범이었지만, 30년에 가까워진 케이팝 역사 속 수많은 그룹과 그보다 더 많은 팬을 괴롭혀 왔던 상표권을 둘러싼 전 소속사와의 다툼이 더 이상 필요 없어졌다는 것만으로 이들은 축제의 한가운데였다. 앨범은 멤버 전원이 삼십 대에 들어선 만큼 성숙한 면모를 내세우면서도 성규와 우현이라는 개성 뚜렷한 두 메인 보컬의 아이코닉하면서도 파워풀한 목소리를 중심으로 완성된 그들만의 매력과 저력을 다시 한번 강조했다. 13년 차의 무게를 내세운 타이틀곡 〈New Emotions〉 이외에도 특유의 뚜렷하고 멜로디워크를 살린 〈시차〉, 자연스레 콘서트 엔딩 장면이 떠오르는 감성 발라드 〈Find Me〉 등이 인피니트를 기억하는 이들의 추억을 두드린다.

누가 뉴진스를 두려워하는가

2022년 7월 이후로 케이팝은 뉴진스를 빼놓고 이야기할 수 없게 됐다. 〈Attention〉을 필두로, 안무 영상을 제외하고도 다섯 편의 공식 뮤직비디오를 잇달아 공개하며 발매된 데뷔 EP《New Jeans》는 시장을 통째로 들었다 내려놓는다. 〈Hype Boy〉가 낳은 끝없는 온라인 바이럴, 토끼 마스코트 '버니니'의 숱한 패러디, 숨 가쁘게 쏟아지는 팬 리믹스 등은 단순히 음악 방송 성적이나 판매량, 연말 시상식 정도로 갈음되지 않는 거대한 파도를 일으킨다. 그것을 '성공'이라 부르기도 무색할 정도로, 2023년 1월에 발표한 〈OMG〉, 〈Ditto〉와 7월에 낸 두 번째 EP《Get Up》은 뉴진스 열풍을 한 차원 위로 다시 끌어올린다. 이해 3월에 열린 제20회 한국대중음악상은 '올해의 신인', '최우수 케이팝 음반' 등 3개 부문을 뉴진스에게, '올해의 음악인' 등 4개 부문을 뉴진스의 프로듀서 250에게 헌정한다. 이어 8월에는 일본에서 개최한 음악 페스티벌「서머소닉 Summer Sonic 2023」에서 일본의 케이팝 팬덤과 거리를 두던 중장년 남성들이 뉴진스에 대거 경도되면서 이를 비꼬는 '뉴진스 아저씨NewJeans おじさん'라는 신조어가 등장한다. 급기야 뉴진스는 이듬해 6월에 팬미팅「Bunnies Camp 2024」를 도쿄돔에서 성황리에 치르기에 이른다. 도쿄돔이나 빌보드 200을 최단 기간에 점령한 기록 같은 것은 그 자체로는 차라리 시시한 이야기만 같다.

아이러니하지만 2024년의 뉴진스는 4월부터 소속사 어도어의 민희진 전 대표와 모그룹 하이브의 분쟁* 속에서 더욱 커다란 태풍의 눈이 된다.

이 5인조가 일으킨 파급은 흥행이나 화제성에 국한되지 않는다. 이들의 가장 큰 임팩트는 작품 자체에 있다. 2000년 전후의 소재와 미감을 활용하는 Y2K는 이전부터 케이팝에서 적잖이 채용하던 미학이라 차라리 넘어가도 좋다. 케이팝 특유의 역동성을 들어내 버린 곡의 구조, 때로 스산할 정도로 차분한 업템포의 비트, 대화하는 듯 편안한 발성, 멤버 간 음색과 캐릭터의 낙차를 활용하기보다 거의 한 사람의 발화처럼 유려하게 문질러버리는 방식 등은 케이팝 작·편곡의 공식을 배반하는 것들이었다. 뮤직비디오 역시 시청자의 해석이 구체적 내러티브로 연결되는 게 기존의 세계관 전략이었다고 한다면, 뉴진스의 뮤직비디오들은 보다 은유적인 도착점을 보여준다는 데에 큰 차이가 있다. 또한 음악방송이 아닌 패션계 행사에서 처음 선보이는 데뷔 방식, 1990년대풍 스타일링, 팝업스토어, 마스코트의 활용 등은 뉴진스가 처음으로 도입했거나 혹은 가장 본격적으로 두각을 드러낸 요소라 할 만하다.

---

*　하이브는 민희진이 어도어의 경영권을 탈취하려 했다고, 민희진은 하이브 내에서 이뤄진 부당 처우에 관한 자신의 정당한 문제 제기에 대한 보복으로 하이브가 무리한 감사와 여론전을 진행하고 있다고 주장했다.

참신한 작업이 성공을 거두거나 성공의 실마리를 보여준다면 이를 차용하는 이들이 등장하는 건 매우 자연스러운 일이다. 작곡이든 보컬이든 "뉴진스처럼 해달라"는 주문을 받았다는 업계의 증언들도 있다. 보는 이에 따라서는 2023년에 불었던 자극이 적고 편안하거나 청량함에 집중하는 통칭 '이지리스닝' 유행도 뉴진스의 영향이라고들 한다. 2016년, 트와이스가 BPM 173의 〈Cheer Up〉을 발매한 뒤 평소 130을 좀처럼 넘지 않던 케이팝, 특히 걸그룹 씬의 템포가 훌쩍 올라가 버렸던 현상을 연상케 하기도 한다. 아예 '강북 뉴진스'를 명시적으로 표방하고 등장하는 신인이 있는가 하면, 하다못해 EDM DJ 뉴진스님*까지 조계종의 환대 속에 (음악에서) 커리어하이를 기록했다. 민희진-하이브 분쟁의 초반에 첨예하게 거론된 사항 역시 뉴진스의 작업 방식을 모기업 계열사가 복제하고 있지 않느냐는 문제 제기였다.

완전한 이종보다는, 케이팝의 변형으로서

뉴진스가 케이팝의 문법을 처음부터 새로 썼다고 말한다면

---

*   개그맨 윤성호의 DJ 활동명. 과거 '일진스님'이었으나 2023년도에 '뉴진스님'으로 변경했다. 정식으로 수계식을 거친 법명으로 알려져 있다.

과장일 것이다. 케이팝보다는 차라리 인디팝처럼 들리기도 하기는 하지만 말이다.

처음으로 공개된 〈Attention〉의 인트로부터 마치 어린아이의 샘플러 놀이 같은 사운드로 시작하고, 곡마다 케이팝의 오랜 마이너인 브레이크비트와 공기 같은 패드Pad를 여기저기 깔아 넣으니 그럴 수밖에 없다. 그러나 인디팝이 종종 인디펜던트의 수단과 미감으로 주류 팝의 영향을 소화하듯, 뉴진스의 음악은 케이팝 작법에 대한 이해를 바탕으로 한 뒤틀기로서 바라볼 만한 것이다. 이는 분명 프로듀서 250과 그의 소속 레이블 BANABeats And Natives Alike가 주류 케이팝과 다소 거리를 둔 성향이라는 점과, 그 작업을 케이팝으로써 완성하기 위한 조율과 안배가 결합해 이뤄진 결과물일 테다.

〈Hype Boy〉는 "Baby, got me looking so crazy"로 시작하는 테마 a에서 "누가 내게 뭐라든"으로 시작하는 테마 b로 바뀐다. 이번에는 프리코러스로 넘어가야 할 것 같은데 테마 b가 다시 나온다. 그리고는 "Oh baby"에서 테마 b로 되돌아온다. 그리고는 비교적 간결한 프리코러스 "I just want you..."를 거쳐 후렴으로 달려든다. 전통적인 A-B-C 구조를 다소 뒤튼 A(abba)-B-C의 전개가 관습적인 구조미를 흔들어 놓는다. 후렴은 뉴진스의 어떤 곡보다도 뜨겁고 감정적이지만, 조성의 으뜸화음인 Em로 마무리되지 않아 완결감을 주지 않는다.

이 같은 변칙성은 뉴진스의 곡에서 매우 빈번하게 발견된다. 〈Super Shy〉에는 통상 케이팝에서 클라이맥스를 이루는 브리지Bridge가 아예 없고, 보통 절마다 후렴 전에 등장하는 프리코러스("You don't even know…")는 단 한 번 나온 뒤, 마지막 후렴에 이어 아웃트로로 다시 등장한다. 나머지 구간은 버스Verse와 코러스Chorus만으로 이뤄진 블록 쌓기다. 〈OMG〉는 곡 구조와는 별개로 속도감의 완급 조절을 해나가고, "My heart is glowing"으로 시작하는 브리지는 바로 앞선 댄스브레이크보다도 밋밋하고 평온하다. 후렴으로 들어설 때 음정을 높이는 하니의 "'Cause he"는 너무나 편안하게 들려서, 비슷한 패턴으로 강렬하게 치솟는 케이팝 작법을 농담거리로 삼는 것처럼 들릴 지경이다.

멜로디 역시 대다수의 곡이 장조 혹은 단조의 조성성을 비켜 나가고는 한다. 〈How Sweet〉의 후렴은 내림나장조Bb Major의 EbM7이 BbM7을 거쳐 DbM7으로 이동해 조성을 내림마장조Eb Major로 바꿨다가 다시 내림나장조의 Cm7으로 넘어간다. 흥미로운 것은, 조성을 옮기는 데에 그다지 특별한 이유가 있는 것처럼 들리지 않는다는 점이다. 멜로디가 간결하고, 조성변화를 아주 명확하게 짚고 넘어가지는 않아서 그렇기도 하다. 이 멜로디는 그저 조성에 덜 얽매이는 화성의 진행, 마음의 흐름이 있어 그것을 자연스럽게 따라가기만 한다는 인

상을 준다. 애매한 긴장과 편안한 모호함이 '흘러 다닌다.'

　케이팝은 늘 뜨거운 열정과 결의를 노래하는 데 장기를 가지고 있지만, 현실을 살아가는 인간의 마음이란 그렇게 늘 똑 부러지지 않는다. 뉴진스의 곡들이 조성성과 맺는 관계는 그처럼 모호하고 은근하다. 대부분의 후렴이 조성의 확실한 결착, 그러니까 도미넌트Dominant에서 토닉Tonic으로 이어지는 전통적인 화성의 해결을 피한다.

　〈How Sweet〉의 예처럼 조성성을 비껴간 화성 진행을 루프Loop로 반복하며 그 위에 자연스러운 멜로디를 얹고, 멜로디는 좀처럼 조성의 으뜸음Tonic으로 내려앉지 않는다. 그래서 뉴진스의 멜로디는 명쾌하지 않다. 긴장이 해결되거나 마무리되었다는 인상을 주지 않는다. 어떤 문장이나 감정을 힘주어 밑줄 치지 않는다. 많은 경우 노래는 언제까지고 이대로 계속 흘러가도 무방할 것 같은 기분을 남긴다. 마침 곡의 구조도 화끈한 기승전결을 취하지 않는다. 하나의 노래는 마치 이어지는 대화 속에서 한 대목을 스냅숏으로 잘라내 가져온 것만 같다. 그래서 '자연스럽'게 다가오고, 끓어오르지 않는다.

　〈Ditto〉는 개중 으뜸음이 많이 등장하는 곡인데, 라장조A Major의 으뜸음인 A로 내려앉는 "All the time" 같은 대목이다. 그러나 코드는 F#m로 내려서며 그간 오묘하게 흐르던 조성을 올림바단조F# Minor로 확정 짓는다. 그리고 멜로디는 곧바로 도

약해 날아오른다. 그래서, 결론이 나는 것 같다 싶으면 다시 새로운 이야기가 시작되는 식으로 명쾌함을 회피하고는 한다. 이 곡은 한껏 감상적인 프리코러스를 포함하는 등 비교적 케이팝 공식과도 상통하는 곡이라 할 만하다. 그럼에도 조성적인 안정감을 미묘하게 흩트려 놓음으로써 꿈결 같은 무드를 형성하고, 형식에 의해 정돈되지 않은 인상을 심어준다. 거기에 담백한 목소리와 사운드가 함께 작용하면, 조금은 몽롱하지만 솔직하게 이야기하는 대화처럼 들린다.

밤늦게 문득 전화 걸어 편안한 사람을 상대로 조곤조곤, 별 것 아니지만 나에게만은 중요한 이야기를, 사소하게.

뉴진스의 쿨과 '리얼리즘'

뉴진스의 '쿨'은, 일단 이것이다. 뜨겁게 달아오르고 자극적인 변화를 반복하는, 그래서 기대감을 주고 그것의 실현을 안기며 드라마틱한 쾌감을 선사하는 케이팝의 전통적인 언어와는 다르다. 뉴진스는 어떤 소녀들의 사적인 대화를 음악으로 만들어 놓은 것과 같다. 들뜨기도 하고 감정적으로 될 때도 있으나, 과장될 필요는 없다. 완성품과 같은 형식미의 자리도 없다. 그것은 '리얼'하지 않다. 〈ETA〉의 "혜진이가 엄청 혼났던 그날", "지원이가 여친이랑 헤어진 그날" 같은 대목이 놀라운 것도 그런 맥락이다. 아이돌 멤버 이외의 이성 배우 출연만으로도 민감해지고는 하던 케이팝에서, 멤버들과 무관한, 그리고 아주 핍진한 '일반인'의 이름이 등장하기 때문이다. 실제의 대화라면 주변 인물들의 이름이 일괄적으로 누락되는 편이 더 이상할 것이다. 사실적이다. 그러나 청자가 구체적으로 알 필요는 없고 알 수도 없는 이름들이다. 그래서 화자의 세계는 그의 성격이나 언동의 범주를 넘어서, 청자 없이 화자만이 맞닿아 있는 대인관계의 세계까지 확장된다. 그는 더 구체화되고 입체화된다. 민희진-하이브 분쟁의 와중에 민희진 어도어 당시 대표나 박지원 하이브 대표이사와 관련된 실화를 바탕으로 했다는 재해석이 등장함으로써 다시는 이전과 같은 귀로 듣기가 어려워지고 만 것은 크나큰 유감이지만*.

정말로 있을 것 같은 소녀들이 정말로 있을 것 같은 대화를 한다. 그리고 그들은 거리에서 자기들끼리 춤을 추며 논다. 케이팝이 세계적인 인기를 끌면서, 2010년대 후반부터 서울의 거리를 언급하는 케이팝곡이 조금씩 등장해왔다. 2018년도에 발매된 엔시티 127의 〈내 Van (My Van)〉부터 하이키의

---

*   "혜진이가 엄청 혼났다"는 민희진 전 대표가 경영진과 크게 불화를 겪었다는 의미, "여친이랑 헤어진"은 과거 하이브 산하 레이블 쏘스뮤직 소속이었던 6인조 걸그룹 여자친구가 특정 아티스트의 데뷔와 관련된 오컬트적인 동기에 의해 부당하게 해체되었다는 의미라는 설이다. 물론 음모론에 불과하다.

〈SEOUL (Such a Beautiful City)〉까지, 모두 케이팝이라는 환상적인 무대가 만들어지고 열정과 절망이 충돌하는 공간으로서의 서울을 담아내는 곡들이었다. 물론 기획사의 톱다운Top-Down 방식으로 설계되는 케이팝이 스트리트 문화라 불릴 일은 거의 없지만, 서울의 거리와 댄서들이 케이팝과 결합하며 낭만화할 여지는 충분히 있겠다. 거기에 어른들과 구별되는 문화를 지닌 소녀들이라는, 케이팝에서 여러 가지 의미로 보편화된 기호가, 뉴진스를 경유해 '거리에서 (틱톡TikTok 하며) 춤추는 소녀들'이라는 이미지로 새롭게 등장하는 중이다. 이를 효과적으로 구현하고 있는 것은 트리플에스tripleS와 그 소속사 모드하우스MODHAUS의 여러 작품에서 만나볼 수 있다. 우리의 거리에 실재하지만, '지망생' 같은 기호가 아니고서는 집단으로서 좀처럼 조망되지 않는, 그런 소녀들의 이미지다.

물론 '틱톡 같은 거 하고 난 도대체 모르겠는' 어린 여성들의 세계가 케이팝 산업에서 꾸준히 대상화되어 온 역사와도 무관하지만은 않지만.

뉴진스의 증발하는 시선들

이쯤 되면 '옆집 소녀'라는 표현을 떠올릴 만도 하다. 그런데 케이팝의 '옆집 소녀'가 너무 화려하지만은 않은, 비현실적이지 않은, 즉 친숙함을 의미하는 것이었다면, 뉴진스의 '옆집 소녀'는 자연스러워 보이는 것을 의미한다. 친숙하지는 않다. 보는 이가 친숙하게 느낄 수는 있으나 이들이 친숙하게 대해줄 일은 없다. 뉴진스는 뉴진스와 이들의 픽션적인 주위 인물들 (반희수, 지원이, 혜진이 등) 이외의 세계를 바라보지 않는다.

ㆍ 조금 격하게 말하자면, 카메라=팬을 바라보며 사랑한다고 속삭이지 않는다.

이 부분에서 〈OMG〉와 〈Ditto〉의 뮤직비디오는 가히 웅변적이다. 표면적으로 이 작품들은 학생으로 분한 뉴진스 5인과 그들의 학창 시절 친구 반희수*에 관한 이야기다. 그러나 심령물의 공기로 둘러싸인 이 작품에서 명확한 것은 아무것도 없다. 이들의 추억이 사실인지도 불분명하고, 심지어 비디오테이프레코더로 기록한 영상마저 의문의 대상이 된다. 학생으로, 환자로, 춤추는 소녀로, 아이돌 뉴진스로 변신하며 등장하는 멤버들조차 유령 같기만 하다. 그중 어느 것이 사실이고 어느 것이 망상인지(혹은 심령현상인지?) 단언할 수 없다. 심지어 다니엘이 말하듯 멤버들이 뉴진스인지조차도. 그래서 반희수나 그가 은유한다고들 하는 팬들이 멤버들을 바라보는 시선, 또는

---

* 뉴진스의 팬덤 이름 '버니즈Bunnies'와의 발음상 유사성으로, 뉴진스의 팬을 은유하는 존재라고 널리 알려져 있다. 뮤직비디오에 등장하는 것 이외에, 반희수가 학창 시절에 촬영한 것으로 여겨지는 영상들을 업로드하는 유튜브 계정이 개설된 바도 있다.

그들 사이의 눈 마주침마저 언제든 증발할 기체처럼 느껴진다. 그저 분명한 건, 그게 누구인지는 모르겠지만 뉴진스라는 존재가 있(었)다는 것뿐이다.

〈How Sweet〉의 뮤직비디오는 한 발짝 더 나아간다. 춤추는 뉴진스가 곤충과 동물의 시선에서 포착된다. 그래서 등장하는 매우 특이한 앵글과 카메라워크는 이 작품이 제공하는 빼어난 쾌감 중 하나다. 그러나 중요한 건 이 뮤직비디오가 설정하고 말하는 시선의 의미다. 파충류의 시신경에 정보로 입력되어 뉴런을 타고 들어가는 뉴진스가 어디에 어떻게 저장될 것인가. 그것은 지나가는 기차의 창문 밖으로 비치는 뉴진스와도 같다. 시선은 스쳐 지나간다. 어쩌면 '기록'이라는 인간적 행위로 남지 않을 것만 같기도 하다. 찰나의 순간만 지나도 우리는 그것을 의심할 수 있다.

정말 있었나? 정말 보았나?

그러나 바라보는 그 순간만큼은 거리에서 신나게 춤추는 다섯 소녀가 그곳에 있(었)다고 말할 수 있다.

기차에 앉은 채로 〈How Sweet〉의 현장을 지나친 당신은 생각한다. 그들의 잔영과 함께 그 공간의 존재도 모호해진다. 뉴진스가 묘사되는 공간은 대체로 공기와 같다. Y2K 레트로의 탓에, 과거에 존재했던 공간처럼 여겨지기도 한다. 그러나 Y2K 공간과 소재에 현대적 인터페이스를 덧씌워대는 뉴트

로Newtro의 근본적인 속성과 마찬가지로, 그것은 불가능을 전제로 하는 풍경이다. 하니가 도쿄돔에서 마츠다 세이코松田聖子의 〈푸른 산호초靑い珊瑚礁〉를 불렀을 때 국내에서 수많은 중장년이 마츠다 세이코의 위대함과 〈푸른 산호초〉의 아이코닉한 의미에 대해 장광설을 늘어놓으며 추억에 잠기는 체했지만, 그들 중 1980년도에 실시간으로 마츠다 세이코를 즐긴 이는 거의 없다. 그 추억은 가공된 것이다. 2010년대 통칭 시티팝City Pop의 유행에 따른 1980년대 일본팝 재조명과, 그에 결부된 대중의 동경심에 의해서. 뉴진스의 공간은 매우 자주 그렇다. 과거를 철저히 대상화하여 이상화하고, 그곳에 뉴진스를 집어넣는다. 굳이 혐의점을 둔다면 1979년생 크리에이터 민희진이 1990년대에 꿈꾼 이상적인 당대 풍경에 가까울지 모른다. 뉴진스의 Y2K는 과거에 대한 향수가 아니다. 과거의 동경에 대한 향수이거나, 현재에야 발견하는 과거에 대한 동경이 향수의 감각을 혼동시키는 것이거나, 혹은 과거를 전유한 새로운 꿈이다. 뉴진스가 범세대적인 공감을 일으켰다고 주장한다면, 젊은 세대가 아저씨들의 아름다운 과거 현실에 지대한 관심을 보여서일 수는 없다.

앞에서 뉴진스의 '옆집 소녀'를 '자연스러워 보이는 것'이라 했다. 다시 써보자. 뉴진스의 '옆집 소녀'란 아파트의 1201호에서 떠올리는 1200호의 소녀와도 같다. 너무나 자연스러워 보여서 정말 있어야만 할 것 같지만 물리적으로 존재할 수 없는 소녀다. 그럼에도 우리는 그를 인지한다. 그런 현상을 우리는 '환영'이라 부른다. 아주 생생한 환영.

환영으로서의 아이돌

뉴진스를 환영으로 만드는 것은 작품 속 내용만이 아니다. 미니 앨범 《Get Up》과 「파워퍼프걸The Powerpuff Girls」의 커버 아트 컬래버레이션도 그렇다. 카툰 네트워크Cartoon Network에서 1998년에 처음 공개된 이 슈퍼히로인 애니메이션은 2005년에 공식적으로 마지막 시즌을 방영했다. 이후 이 캐릭터들은 밈meme화했다. 그러나 애초에 설정만 가지고 있는, 예를 들어 산리오Sanrio의 헬로키티, 쿠로미 같은 캐릭터들과는 조금 다르다. 「파워퍼프걸」에는 구체적인 설정과 서사가 있고, 이를 담은 작품이 실재한다. 그러나 2020년대 인터넷 공간에서 「파워퍼프걸」은 작품을 전혀 보지 않고 각각의 캐릭터에 대해 아는 바가 전혀 없어도 통용된다. 표피만 남은 존재, 혹은 표피가 독자적인 생명력을 얻은 존재다. 미감은 전혀 다르지만, '개구리 페페Pepe the Frog'의 유래를 전혀 모르는 이도 그것을 밈으로 쓰는 데 아무 문제가 없는 것과 마찬가지다.

원래 3인조였던 파워퍼프걸은 뉴진스로 인해 5인조가 되었다. 이처럼 원작 캐릭터의 특징을 알아볼 수 있도록 살리기만 하면 성립하는 것 역시 밈으로서의 속성이다. 그래서 가능했다고도 하겠으나, 그런 존재와 뉴진스의 싱크는 의미심장한 일이다.

아이돌이란, 자연인으로서의 멤버가 있고, 이들이 (종종 예명이라는 옷을 입어) 대중 앞에 아이돌로서 제시되는 두 번째 표면이 있다. 거기에 초능력 등 세계관 설정이 덧붙여져 픽션 캐릭터의 표면이 덧붙기도 한다. 뉴진스는 자연인으로서의 다섯 멤버와 어도어 소속 뉴진스에 여러 개의 겹을 덧씌우고 있다. 파워퍼프걸 뉴진스, 무라카미 다카시村上隆의 캐릭터 뉴진스, 반희수의 동창 뉴진스, 정신병동의 뉴진스 등으로 말이다. 그리고 그중 어느 표면이 '진짜'라고 할 수 없음을 주장함으로써, 단지 어느 시공간엔가 어떤 실체론가 '뉴진스'라는 것이 실존하기는 했다는 것만을 진실로 채택한다.

기존의 케이팝은 이상적인 인간을 비현실의 콘텐츠에서 제공하며, 다시 이를 현실의 현장에 위치시키는 작업이다. 과장되고 탐미적인 뮤직비디오와 무대에서 우상 또는 가상의 인물로서 존재하는 아이돌과, 출퇴근길에 팬들과 인사하고 팬사인회에서 인간적 교류를 하며 살아 숨쉬는 서비스직으로서의 아이돌이 병립하는 것이다.

이때, 뉴진스는 이상적인 공간을 창조하고 대중을 이에 접속하는 데에 더 강점을 드러내는 듯하다. 또는 그것을 지향하고 있다고 해도 좋겠다. 그 공간은 부조리하면서도 핍진하다. 실재하지 않는 풍경임을 알면서도 어딘가에는 반드시 실재할 것만 같은 기분을 준다. 그래서 비현실을 전제로 한껏 아름다운 콘텐츠에 몰입하거나 현실에서 살아 숨쉬는 아이돌을 만나는 기쁨에 빠져들기보다는, 현실과 비현실의 경계를 자꾸 질문하게 한다.

현실적인 행동을 하는 아이돌과, 비현실적인 미모와, 문화사적으로 기록된 과거의 스타일 요소와, 문화사적인 정규분포를 배반하는 풍경과, 그곳에 있을 리 없는 2004~2008년생 멤버들과…… 그래서 이 픽션은 언제든 허공에 흩어져 사라질 수 있는 덧없는 장면임을 상기하게 한다.

그것이 뉴진스라는 환영이다.

그래서 뉴진스는 케이팝 산업에 포함된, 혹은 편입되는 특이한 성공 사례로 보이기보다, 차라리 케이팝으로부터 탈주하는 존재로 보이기도 한다. 케이팝의 주류를 이해, 혹은 간파한 뒤, 이면에 제쳐져 있던 것들을 수면 위로 끌어올려 만들어낸 결과물로 볼 소지가 충분하기 때문이다. 또한 그 지향점이 기존의 걸그룹 문법과 일부를 공유하기는 하되 걸그룹–보이그룹이라는 대조 구도로부터도 어긋나 있기 때문이기도 하다. 물론 이들의 수익 구조와 활동 방식 자체는 분명 일반적인 케이팝 아이돌의 그것을 공유하고 있다. 그러나 뉴진스가 보여주는 '환영으로서의 아이돌'에는 분명 아이돌이라는 관념 자체에 전혀 다르게 접근하고 있는 부분이 있다.

기성품의 용도를 전용하기

그 배경에서 동작하는 하나의 중요한 알고리듬은, 조금 거칠게 요약하자면 '기성품 거부'라 할 수 있을 듯하다. 이를테면 팬 플랫폼 역시 모기업 하이브의 통합 서비스인 위버스Weverse에 굳이 들어가지 않고 전용 애플리케이션 포닝PHONING을 사용하고 있다. 이를 두고 하이브 내에서 뉴진스에게 특혜가 주어진다는 식의 볼멘소리를 하는 이도 있고, 비주얼 디렉터 출신인 민희진 전 대표의 기벽처럼 보는 시선도 있다. 그러나 시각 요소와 사용자 경험의 결합 속에서 기존의 아이돌과는 다른 개념을 지향하고 있다고 한다면, 위버스의 기성 인터페이스를 수용하지 않는 것 역시 이해할 만한 선택이다. 그 같은 태도와 그 실체를 확인하기 좋은 것이 바로 음반 패키지다. 가장 화제가 된 것은 아마도 《New Jeans》의 CD 캐링백 패키지와 《Get Up》의 비치백 패키지일 것이다.

농담 같기도 하다. 케이팝의 굿즈가 대체로 실용 목적 상품의 형태를 취하고 있으나 이를 실사용하지는 않는 게 팬들의 불문율과도 같다면, 아예 본품인 음반 패키지가 실용 목적 상품일 때 그것은 실사용할 만한가, 그렇지 않은가 하는…… 일단 나는 내용물을 패키지 없이 보관하고 싶지 않기에 실사용하지 않고 있다.

본래의 사용 목적과 실제 활용의 불일치는 2013년 f(x)의 《Pink Tape》에서부터 이어진 민희진의 시그니처다. 그것은 단지 분홍색 VHS 비디오테이프의 외형을 취한 패키지가 아니라, (아마도 민희진 본인이 청소년기에 경험했을) 자신만의 취향을 수집하고 편집하는 플랫폼으로서 비디오테이프다.

뉴진스의 음반 패키지 역시 케이팝이 가장 애용하는 부클릿 편집인 패션지 스타일이라기보다, 차라리 '다꾸(다이어리 꾸미기)'의 언어에 근접해있다. 로고나 마스코트, 스티커가 덕지덕지 붙어있는 사이사이로 사진들이 배치되고, 배경색 블록으로 둘러싸인 텍스트는 인쇄한 글씨를 오려 손으로 붙인 것만 같다. 손으로 그리거나 쓴 그림과 글씨, 때로 흐릿하거나 얼굴이 거의 가려진 이미지 등, 그 모든 것이 팬진fanzine 스타일의 편집이다. 앨범은 사진집 표지처럼 "뉴진스의 가장 완벽한 여름을 보내는 방법"이란 제목을 달고, 폴라로이드 스크랩북처럼 내지를 구성하기도 한다. 포토카드가 증명사진 봉투에 담겨있거나, 멤버들이 찍은 풍경사진엽서 세트가 제공되기도 한다.

이 모든 것이 지극히 아마추어적이고 '개인적'으로 느껴진다. 심지어 뉴진스 특유의 것으로 거론되는 Y2K 스타일의 타이포그래피 역시, 블로그나 홈페이지 빌더에 의해 이미 완성된 템플릿 위에 글자와 사진만 교체하면 되는 시대의 이전, 아무나 멋대로 만들어내며 과잉하거나 참신한 스타일이 쏟아지던 개인 홈페이지의 시대를 가리키고 있다.

이 같은 일련의 포맷은 두 가지 영역을 전제한다.

대량생산된 기성품(폴라로이드 필름, 증명사진 봉투, VHS 테이프, CD-R, 프린터 혹은 인쇄기, 인터넷 혹은 홈페이지 계정 등)과, 그것의 매우 개인적인 사용이다.

이러한 알고리듬을 고집스럽게 행하는 이들은 보통, 주류 질서를 따분하거나 답답하거나 역겹다고 느끼고, 자신의 취향이나 미감이 주류와 화해될 수 없다고 믿는다. 유영진이 자주 다루는 주제가 폭력과 배금주의 등 기성세계의 이념과의 불화라면, 민희진은 기성세계의 미감과 불화한다고 말해볼 수도 있을 것이다. 그래서 자신의 숨 쉴 틈을 찾아, 이들은 주류의 물건을 가져다 개인적인 용도로 사용한다. 영어학습 테이프를 지우고 좋아하는 노래나 영상을 편집해 담아두거나, 딱딱한 기성품 테이프에 좋아하는 색을 칠해버리거나, 사무용 복사기로 자신만의 책자를 만들거나 한다. 동인지나 팬진을 제작하는 행위에도 기본적으로는 상통하는 데가 있다. 내가 개인적으로 알던 어떤 이는 교무실에서 시험 답안지를 훔쳐다 거기에 편지를 써

친구에게 보내기도 했고, 이제는 없어진 것 같지만 학생 명찰이 있던 시절에는 제멋대로 이름을 입력해 이상한 명찰을 만드는 이들도 꾸준히 있었다.

주류 세계와의 취향적 대립으로부터

그것을 무엇이라 부르든 크게 상관은 없다. '힙스터Hipster'든, '예술병'이든, '여피Yuppie의 객기'든, '자의식 과잉'이든. 다만 중요한 것은 이러한 행위가 주류 세계와 자기 취향의 대립을 의식하고 있다는 점이고, 뉴진스의 아트워크가 정확히 그 연장선상에 놓인 듯 보인다는 점이다. 또한 민희진의 작품세계와 여러 발언들은 이 맥락에서 이해될 여지가 있다. 그리고 뉴진스는 같은 개념에서, CD 캐링백이나 비치백을 음반 패키지로 전용轉用하기도 한다. 또, 주류와 화해될 수 없을 것만 같은 취향과 미감에서 비롯된 거의 사적이기까지 한 형태를 취한 아티스트를 세상에 내놓기 위해, 주류 아이돌 시스템을 사용, 또는 해킹*한다. 혹은 적어도 그러한 것처럼 자신들을 선보인다.

민희진-하이브 분쟁에서 민희진이 보여준 태도 역시 그렇

---

* 민희진에게서 자주 발견되는 미학적 수법이다. 이를 조금 확장해보면 뉴진스의 기획 자체가, 뉴진스가 아닌 어떤 것을 생산하려는 목적으로 만들어진 아이돌 시스템과 그 자본을 '해킹'하는 행위처럼 다가오는 면이 있다.

다. 그는 랜덤 포토카드나 초동 판매량을 부풀리기 위한 통칭 '음반 밀어내기', 사적 감정에 의한 차별적 대우 등에 관한 비판적 주장을 내세웠는데, 2002년도에 SM엔터테인먼트 공채로 시작된 20여 년 업력에도 업계 관행이나 현실에 수긍하지 않는, 혹은 적어도 그렇게 보이고자 하는 스탠스다. 그런 그가 특정 아티스트를 언급하며 불거진 소위 카피 논란 또한, 그에게 있어서의 핵심은 단순한 유사성 주장의 차원이 아닐 수 있다.

주류와의 불화 속에 만들어진 취향과 작품에 대한 자신감, 이를 주류가 기성화할 수 없다는 믿음, 자신의 작업이 기성품과 별로 다를 바 없다는 평가를 견딜 수 없는 자아가 엿보이는 대목이다. 그와 뉴진스는 기성 케이팝 산업에 대해 '해커'의 입장이기에.

이단아로서의 뉴진스

그들의 방식에 동의하든 그렇지 않든, 2024년의 뉴진스는 케이팝 산업에서 부인할 길 없이 가장 중요한 이름의 하나가 되었다. 사실 케이팝의 이단아로서의 뉴진스는 모두가 이미 직감적으로 느끼고 있는 지점일 테다. 데뷔 초 남성 댄서들의 조롱 섞인 〈Hype Boy〉 커버 영상, 〈Cookie〉의 가사가 노골적인 성적 은유라는 주장 등은 어쩌면 누군가 이들을 '두려워'

하고 있는 것처럼 보일 정도였다. 틈만 나면 민희진 전 대표를 '자의식 과잉', '예술병'이라며 비꼬고 그의 취향이나 미감을 깎아내리는 이들의 존재도 그렇다. 매우 매력적인 인물상과 콘텐츠를 보여주고 있지만 영파씨가 '타아티스트 거론 금지'라는 케이팝 산업의 불문율을 깨고 '강북 뉴진스'를 캐치프레이즈로 내걸었던 것도, 비교적 파격에 자유로운 DSP 미디어 특유의 사풍을 고려하더라도 충분히 놀라운 일이다. 너무 성공해서든 너무 이질적이어서든, 뉴진스를 '그래도 되는 대상'으로 여기지 않았더라면 가능했을까 하는 조심스러운 의문을 가져볼 만하다.

대중이 반드시 뉴진스의 등장을 기다리고 있었다고 보기는 어렵다. 그러나 케이팝 씬은 이들을 이단아로서 받아들였고, 그것은 육감에 의한 정확한 진단이었다. 그리고 이 이단아가 어마어마한 성공을 거뒀을 때, 걸그룹, 혹은 아이돌을 판단하는 좌표계 자체가 뉴진스를 중심으로 이동해버렸다 해도 과언은 아니다. 청순, 걸크러시, 섹시라는 기존의 납작한 프레임을 벗어나 새로운 시도와 이해의 틀이 실증되는 것이 뉴진스 이후다. 앞에서 언급한 트리플에스도 그렇고, 정형화된 송폼의 변용 속에 뾰족한 점을 찾아내는 엔믹스나, 영웅보다는 언더독 Underdog 안티-히로인으로 제시되는 키스오브라이프 등이 대표적인 예다. 그러니 뉴진스를 참조하거나 모방하는 사례가 나올 수밖에 없는 것은 거의 자명한 일이다.

뉴진스가 복제 가능하다면

그럼에도 모든 것이 세세히 재생산되리라 기대하는 데에는
한계가 있다. 편안한 발성이나 느긋한 송폼, Y2K 스타일 등을
참조할 수는 있으나 이 기획의 다양한 요소는 촘촘히 꿰어져
상호의존적인 관계를 형성하고 있다. 하물며 전체를 관통하는,
자주 거론되는 미감보다 오히려 본질적인 어떤 태도와 그에 논
리적으로 결합된 지향점을 고스란히 복제하는 것은, 쉽지 않으
며 사실 큰 의미가 없을지도 모를 일이다. 또한 탁월한 크리에
이티브로 평가된 민희진이라는 포트폴리오와 하이브의 자본
력과 지원이 (해킹을 통해서) 결합하지 않고는 좀처럼 이뤄지기
힘든 시도였을 것임도 충분히 상정할 만하다. 다만 케이팝의
성장사가 타자의 표면을 선택적으로 취합하고 조합하는, '근
본'과 근본적으로 유리된 시선으로 이뤄져 있음은 기억할 만하
겠다.

결과물이 진짜든 아니든, 케이팝 산업의 왕성한 복제력이
뉴진스의 일정량 이상을 기성화할 수 있게 된다면, 그때는 '케
이팝의 이단아 뉴진스'가 아닌 '케이팝을 바꾼 뉴진스'를 보다

본격적으로 이야기하지 않을 수 없을 것이다.

　뉴진스가 인류사적인 기록의 틀을 벗어나 지극히 개인적인 기억이나 망상, 뉴런 속의 전자량처럼 부유하는 환영과도 같은 그저 실존이라면, 우리는 더욱더 이들을 붙잡아두고, 분석하고, 기록하고 싶어질 것이다. 그렇다면 뉴진스의 어떤 것만큼은 복제 불가능한 뉴진스 고유의 것으로 끝끝내 남을 것인가. 또 다른 것들은 언제, 어떻게, 어디까지 케이팝 산업의 기성 모델로 편입될 것인가. 이를 파악하는 출발점은 당연히, 연대기를 사랑하는 인류의 어쩔 수 없는 습성처럼, 이들의 첫 2년간의 작업들을 다시 곱씹는 일이 될 것이다.

EP

New Jeans

뉴진스
발매일 2022.08.01

감히 말하자면, 이 앨범의 첫 트랙 〈Attention〉의 인트로가 처음 흐른 순간 이미 케이팝 씬은 돌이
킬 수 없는 곳으로 넘어가 버린다. 〈Hype Boy〉가 일으킨 파장도 대단했지만, 히트곡과 숫자로 환
산될 수 없는 가치가 이 앨범의 네 곡에 담겨 있다. 어린아이의 장난 같은 가벼움과 꾹꾹 누른 세련
미, 어딘지 어긋난 기이함과 가라앉은 정서적 편안함, 선명한 이질감과 탄탄한 익숙함이, 원래부터
이들은 모순되지 않았다는 듯 함께한다. 콤팩트하게 꾸려진 네 곡은 분명 케이팝을 선명하게 참조
하고 있으나 케이팝의 주류와는 부인할 수 없는 차이를 들려준다. 케이팝을 재해석했다고 말해야 할
까. 그것은 차라리 이들의 Y2K 미감과도 궤를 같이한다. 거짓된 향수를 자극하면서도 환상임을 숨
기려 하지 않는 가상의 과거 말이다. 분명 존재할 것 같으면서도 지금까지 존재할 리 없었던 케이팝,
그것으로서의 뉴진스라는 과감한 자기소개서다.

싱글

OMG

뉴진스
발매일 2023.01.02

두 곡을 호러 영화의 렌즈로 담아낸 돌고래유괴단의 뮤직비디오 세 편은 뉴진스라는 이름을 커다란 물음표와 느낌표의 소용돌이로 소개한다. 아이돌에 대한 존재론적 의문마저 떠올리게 하는 뮤직비디오와 함께, 한껏 축축해진 정서로 노래들은 대중적 반향을 끌어낸다. 전작에 비해 한껏 달콤해진 〈OMG〉는 짓궂은 생기를 발휘하고, 〈Ditto〉는 〈Hype Boy〉와 〈Hurt〉의 변증법적 결론이라는 듯이 힘 있게 서정적이다. 그리고 그 대조 속에서 뉴진스 특유의 쿨은 더욱 분명하게 체감된다. 두 곡이 나란히 세워놓는 소탈한 산뜻함과 어둑한 물빛은 전작의 음악적 팔레트를 재구성하면서 확장한다. 그것이 향후 만나게 되는 뉴진스 음악 세계를 가이드하는 두 개의 축이 되었다고 해도 좋을 듯하다.

싱글

Zero

뉴진스
발매일 2023.04.03

케이팝 세계에서 광고 음원이 흔히 아티스트 본래의 성격을 어느 정도 유지하면서도 어쩔 수 없이 차이를 보이고는 하는 것에 비해, 이 곡은 뉴진스의 디스코그래피 안에 무난하게 안착한다. 굳이 말하자면 리믹스곡들과 비슷한, '이질성'이라기보다 '번외성' 정도를 갖는다. 그 핵심은 강렬한 임팩트를 주는 구전동요 "코카콜라 맛있다"의 인용이라 하겠다. 장난스럽고 사소한 느낌을 주면서도, 사운드 속에서 음률의 전개가 원곡의 맥락을 완전히 떠나 어딘지 우수 어린 질감을 들려주기도 한다. 광고음악과 구전동요 양측에 새로운 옷을 입히며 뉴진스의 것으로 만들어내는 참신하고 위력적인 곡이다.

EP

Get Up

뉴진스
발매일 2023.07.21.

좋은 팝송을 잘 모아둔 첫 미니 앨범에 이어 나온, 《Get up》은 좀 더 긴 호흡으로 감상할 음반으로서의 기승전결 역시 고려한다. 또한 씩 씩하고 단호한 표정을 통해 '물빛'의 가능성을 확장해 보이고 있다.

단단하게 밀어붙이는 〈ETA〉는 특유의 생기에 새로운 얼굴을 더하며 인상적인 입체성을 부여한다. 나른하고 축축한 서정을 한층 더 세련되게 마감하는 〈Super Shy〉와 〈Cool With You〉는 '뉴진스 쿨'에 큰 진일보를 가져온다. 데뷔 앨범 《New Jeans》가 보여줬던 완결감이 어쩌면 단지 이들의 이 질성에서 비롯된 착시였던 건 아닐까 싶을 정도로. 도무지 부인할 수 없이 인디팝의 영역으로 들어 서는 마지막 트랙 〈ASAP〉는 행여 지금까지의 뉴진스가 '이 또한 케이팝이니라'라고 인식되었다면 다시 생각하기를 강제하기도 하지만, 그럼에도 이는 뉴진스의 어떤 곡보다도 달콤하니 즐거운 아이 러니라 하겠다.

리믹스 EP

NJWMX

뉴진스
발매일 2023.12.19

케이팝은 그 기초에 댄스팝이 있음에도 리믹스와는 다소 거리가 있 었다. 이 미니 앨범은 각 트랙의 원곡 스타일을 바꿔 신선한 감각 을 제시하는 것 이상의 역할을 분명히 한다. 〈Ditto〉, 〈Hype Boy〉

등은 오히려 원곡보다도 보컬에 더 집중력을 발휘해 음색의 매력을 잘 전달할뿐더러 아티스트에 게 더 가까이 다가가는 기분도 제공한다. 〈Hurt〉의 도입부에 삽입된 생기와 실재감 넘치는 '떼창 (chanting)'도 그렇다. 또한 기성 케이팝과 이질적이던 뉴진스의 음악적 색채를 보다 확장해 소개하 고, 줄곧 프로듀서로 참여해 온 250과 FRNK가 가진 본연의 색깔을 좀 더 들려준다. 그래서 뉴진스 라는 이단아가 어떤 화학식에 의해 주조되었는지 가이드하는 데에도 톡톡한 역할을 한다.

다만 원곡을 하나같이 더 달콤하게 바꿔놓아 어떤 종류의 편향이 존재한다고는 할 수 있는데, 이 역 시도 아티스트와 이를 둘러싼 '집단'에 대한 친밀한 접근을 유도한다. 그간 케이팝에서 리믹스 트랙 의 발표가 가졌던 한계와 딜레마에 새로운 접근을 제안하는 훌륭한 리믹스 음반이다.

싱글

How Sweet

뉴진스
발매일 2024.05.24

지금껏 뉴진스에 관한 하이프hype가 프로덕션의 참신성에 무게를 둔 평가를 내리는 편이었다면, 〈How Sweet〉은 멤버들을 더 멋지게 드러내는 역할을 한다. 노래는 재찬 몸놀림 속에서 복잡하지는 않지만 오묘한 멜로디를 흘려내고, 멤버들은 아기자기한 사운드 위에서 사소한 듯 단호하게, 때로는 재빠른 가사들을, 때로는 쉼표들을 내뱉는다. 이 곡의 아찔한 속도감은 곡의 특징이라기보다, 이런 뉴진스를 보여주기 위해 선택된 설정이다. 〈Bubble Gum〉도 향기로운 '필굿feel-good' 앨앤비를 정형미 있게 들려줌으로써 뉴진스의 세계를 더 입체화한다. 이 곡의 또 한 가지 재미는 후렴의 고음인데, 특유의 '말하는 듯한' 가창과 케이팝적 열창 사이에서 시원하고 기분 좋은 돌파구를 찾아내 들려준다. 그것이 (말하자면) 보다 어른스러운 짜임새의 사운드와 조합됨으로써 뉴진스의 지문을 가진 가장 '팝송'에 가까운 지점에 이 곡을 올려놓는다.

싱글

Supernatural

뉴진스
발매일 2024.06.21

일본 발매반이 종종 거의 별개의 프로덕션으로 진행되는 것과는 달리, 이 일본 데뷔 싱글은 국내반을 작업한 250과 FRNK가 스튜디오에 들어갔다. 재빠르고 서정적이며 우아한 특유의 색채를 고스란히 유지함으로써 디스코그래피의 통일성을 확보한 것은 특별한 일이다.

국내반과 다른 부분도 있다. 뉴잭스윙(〈Supernatural〉)과 드럼앤베이스(〈Right Now〉)라는 선택은 한국과 일본의 대중음악이 가장 잘 싱크로되던 특정 시기들을 강하게 연상시키기도 한다. 특히 〈Supernatural〉이 들려주는 탄력적인 운동감은 기존의 트랙들에서 발견되던 유형의 것은 아니다. 일본향의 선택인지, 뉴진스 음악언어의 확장인지는 향후를 지켜봐야 할 일이지만, 매력적인 새 얼굴인 것은 분명하다. 또한 이들을 둘러싼 정황 속에서, 이들이 결코 반짝이는 아이디어 몇 가지로 이뤄진 히트가 아님을 확실하게 보여주기에 제격이었다.

케이팝은 어디까지 갈 (수 있을)까

— 다국적 혹은 다문화 시대 엿보기

외국에서 유학을 마치고 돌아온 2015년에는 내게 이런 질문을 하는 이가 많았다.

"그런데 그 나라에서도 케이팝이 인기가 있어요? 정말로?"

또는 이랬다.

"케이팝 인기는 언제까지 갈까요?"

이제는 사라진 질문들이다. 해외에서의 케이팝 현상이라는 실체에 더는 불경스러운 의문을 던질 수 없게 되었다.

2017년, 빌보드뮤직어워드 '톱 소셜 아티스트' 수상으로 시작된 북미 시장에서의 방탄소년단의 약진 이후로 우리의 관심사는 이렇게 바뀌었다.

"케이팝이 어디까지 갈 (수 있을)까?"

케이팝의 종말이라는 어두운 주제로부터 도피하고 싶은 나 같은 이도 있겠지만, 케이팝과 세계 시장이라는 국면의 '당면 과제'가 달라졌다고 할 수 있을 것 같다. 그것은 (이제 정말로) 주류의 문턱에 선 마이너 조류라고 하는 케이팝의 달라진 위상 때문이다.

새로운 조류가 등장해 주류 시장에 입성했을 때 일어나는 일은 보통 이렇다. 원래의 뾰족한 취향과 미학은 비교적 둥글게 연마되어 대중적인 공감대를 지향한다. 연성화라고도, 대중화라고도, 주류와의 타협 또는 꼭 원한다면 변질(혹은 변절)이라고도 부를 수 있다. 그건 세계 대중음악사가 일관되게 이어온 흐름이다. 방시혁 하이브 의장이 "케이팝에서 K를 떼어야 한다*"고 말한 것도 이 같은 맥락으로 볼만하다. 그러니 케이팝의 '당면과제'라면, 이제부터 본래의 정체성을 얼마큼 고수할 것이냐 하는 것이 되기도 한다.

개별 아티스트와 해당 '씬', 그리고 사업가의 관점은 다를 수 있다. 아티스트는 원래 팬베이스의 지지와 고유의 매력을 잃지 않기 위한 조심스러운 접근이 필요할 수 있다. 씬은 주류에 입성하면서 새롭게 유입되는 팬들과 새로운 스타를 물색하는 시선 사이에서 씬의 건강한 지속이 무엇보다 중요할 수 있다. 사업가라면 출발점에 따른 라벨링이 유효할 정도의 특징만 유지된다면 모두가 정체성에 골몰하지는 않을 수도 있다. 그리고 라벨링은 결국 대중 마케팅이기에 매우 유동적이다. 예를들어, 베이스뮤직Bass Music을 기반으로 한 일련의 흐름에서 시작된 퓨처베이스는 체인스모커스The Chainsmokers의 폭발적 흥행을 거치면서 대중적인 관점에서는 전혀 다른 의미로 받아들여지기도 했다. 이를테면 세븐틴의 〈울고 싶지 않아〉처럼 록밴드가 연주할 법한 특정한 유형의 코드진행을 신시사이저로 들려주면서 감성적인 멜로디의 보컬을 얹는 음악이라는 식으로

*　팬들에게 상당한 반발을 사기도 했지만 이 발언은 한국 시장의 취향과 특수성에 갇히지 말고 보편적 공감대를 추구해야 한다는, 어찌 보면 평이하고 어찌 보면 그저 현실적인 그런 주장에 가깝기도 했다.

말이다. 그럴 때 어떤 아티스트의 음악이 실제 퓨처베이스의 뿌리와 얼마큼 거리를 두고 있는가는 사업가에게 사실 그리 중요하지 않다. '퓨처베이스'라는 이름으로 마케팅할 수 있는 것과 그렇지 않은 것이 있을 따름이다.

여기서 케이팝은 여러모로 오묘한 지점들을 갖는다. '근본 없는' 장르, 또는 '근본 없음이 근본'인 장르이기 때문이다. 근본 없는 장르가 근본을 고수하려 한다는 게 가능한 일인가 하는 의문을 가져볼 만하다. 그러니 "케이팝은 한국인의, 한국인에 의한, 한국인을 위한 것이어야 한다" 같은 무시무시한 주장도 편리해진다. 왜냐하면 케이팝의 정체성이 정녕 무엇인지 단언하기 어렵기 때문이다. 단언할 수 있는 게 있다면, 단언하는 이들은 있지만 보편적으로 수용될 만한 단언은 거의 없다는 정도다. '한국'이라는 키워드가 어떤 식으로인가 포함된다는 것 이외에는.

그래서 케이팝을 국적으로 환원하는 사고는 쉽사리 떨치지 않는다. 다른 하이브리드 장르와 케이팝이 다른 게 있다면, 한국에서 발생한 모호한 흐름에 우산을 씌워 이를 '케이팝'이라 부르기 시작했다는 점, 그리고 마침 한국의 국가정체성이 매우 뚜렷하다는 점이다. 나를 비롯한 많은 이가 케이팝을 한국 사회와 한국 음악 시장이라는 특수한 환경에서 배양된 것으로 보지, 한국이라는 유전자를 케이팝 정체성의 핵으로 보지는 않는다. 예를 들어 방탄소년단의 〈IDOL〉이 한국인과 케이팝 시장이기에 만들어낼 수 있는 결과물이다. 하지만 "덩기 덕 쿵 더러러"라는 굿거리장단과 한국 전통음악이 음악언어로서 흘러 내려온 결실이 지금의 케이팝이라고, 그래서 케이팝이 한국 전통음악을 계승한다고 보지는 않는다는 것이다. 물론 '한민족의 혼'이 이어져 있다고 보는 이들도 있는 모양이지만 케이팝에 오컬트적인 이해가 꼭 필요한지는 개인적으로 의문이다. 그럼에도, 유보적으로나마 시인할 수밖에 없는 것이 '한국'이라는 요소의 존재 그 자체인 것이다.

국내 팬들에게, 케이팝이 한국 여권을 가지고 있다는 생각은 고무적이다. 우리의 것이 세계를 호령한다는 기분은 외세의 침략에 시달리고 선진국들을 바라보며 경제성장을 이룬 국민을 짜릿하게 해준다. 또한 내가 좋아하는 아이돌을 세계인도 사랑한다면, 아이돌에 대한 자부심을 중시하는 팬덤에게는 얼마나 사랑스러운 일인가. 흥미롭게도 이 같은 마음은 국내인만의 것이 아니다. 각자가 위치한 사회의 마이너리티에서 케이팝을 지지해온 해외 팬덤은 일종의 디아스포라Diaspora를 구성하고 있고, 이들 역시 케이팝의 여권에 민감한 반응을 보인다.

하지만 케이팝을 국가주의의 이상향 안에 가두기에는, 세계 시장은 더 이상 놓쳐서는 안 될 대상이다. 만일 어느 날 세계 시장에서 케이팝 현상이 사그라든다면, 세계를 무대로 몸집을 키운 케이팝이 내수만으로는 규모적으로 버텨낼 수 없으리라는 관측도 많다. 한국에 있어 케이팝만큼이나 독보적인 요소인 인구절벽도 케이팝의 지속가능성에 대한 의문을 갖게 한다. '세계적 케이팝 스타가 될 인재풀이 바닥나면 어쩌지? 고령화 사회가 가속되면서 내수 시장이 아예 무너지면 어쩌지?' 같은 것들이다. 그러나 세계 시장은 의지만으로 되는 문제도 아니다. 지금까지 문화적 마이너리티 집단이 영미 중심 팝 시장의 헤게모니를 잠시 뚫어본 경험은 라틴팝을 제외하고는 모두 사그라들었기 때문이다.

다국적 아이돌의 간략한 역사

케이팝의 출발점이 내지 '혈통'을 갖고 내지에서 성장한 인물들로만 이뤄졌던 것은 아니다. 오히려 반대다. 1990년대 한국 대중음악은 우리 역사상 최초로 취향소비가 가능해진 십 대를 겨냥해 새로운 감수성을 실어 나르기에 바빴고, '교포'는 매우 효율적인 감수성 공급원이었다. 이들은 낯설고 신비로운 타자로서 스타성을 갖고 있었다. 비교적 분방한, 혹은 분방하리라고 상상된 이들의 성격은, 이들을 한국 사회가 지속적으로 선망해온 선진국-미래의 인물상으로 자리매김했다. 또한 영미권을 제외한 거의 모든 국가의 대중음악이 필연적으로 시달려 온 '짝퉁 콤플렉스'를 벗어나, '본토'의 음악을 숨쉬며 자라나 이를 제대로 구사할 수 있는 신인류였다. 한국에서 힙합과 알앤비가 폭발적으로 성장하는 데에도 이들의 재능과 노력, 그리고 '준-본토인'이라는 이름표가 크게 기여했다. 드렁큰 타이거, 박정현, 업타운, 양준일, 유승준 등은 한국 대중음악계에 확고한 획을 긋고 가공할 스타성 역시 보여줬다.

당시 한국 음악 시장이 철저히 내수용이었던 탓도 있지만, 교포는 사실상 국내형 전략이었다. '외국인을 담당'하고 있다는 아이돌들의 자기소개는 농담에 국한되지 않는다. 외국인이라는 이름표는 국내의 시선이다. 우리는 해외에서 활동하는 한국계 아티스트에 유난히도 지대한 관심을 두지만, 예를 들어 어느 아르헨티나 밴드에 아이슬란드인이 있다면 그 두 나라에서야 관심을 가질 수 있겠지만, 그가 '현지인'이 아니라는 이유로 한국인이 동질감이나 관심을 느끼지는 않는다. 이 시기의, '한국 혈통을 지니고 한국에서 나고 자라지 않은' 인물들이 갖는 정체성은 국내 대중에게 그를 선보이기 위한 것이고, 그런 인물이 포함됨으로써 그룹이 가질 수 있을 것으로 여겨지는 신선함을 위한 것이었다. 이는 이후 보아와 그의 일본어 음반들로 시작된 일본 진출 시기, 그리고 다시 아이돌이 폭발적으로 등장하기 시작한 2000년대 후반, 또는 그 이후까지 지속된다.

1990년대는 교포에 이어 동아시아의 재능들을 끌어들이기 시작하기도 했다. 1998년에 선포되었던 제1차 일본대중문화

개방, 조금 발 빠르게 포착된 중화권에서의 시장 전망 등이 배경이었다. 한중일 다국적 그룹으로 구성된 서클Circle 같은 예가 그렇다. 그러나 이는 밀레니엄을 앞두고 한국 사회가 공유하던 어떤 시대적 기대감을 표현한 것에 가깝다. 이 같은 다국적 아이돌의 해외활동 시도가 전혀 없었던 것은 아니니 현지화 전략으로서의 외국인이 처음 시도되는 시점이라고 할 수는 있겠다. 그러나 그 결과가 뚜렷한 흥행이나 성과를 보여 후속사례를 낳는 계기가 되었다고 보기는 어렵다.

현지화 전략으로서의 외국인 멤버

외국인이 케이팝에 본격적으로 수용된 것은 2005년 이후의 일로 보는 게 좋다. 슈퍼주니어SUPER JUNIOR가 중국 출신 멤버 한경을 포함했고, 이후 2008년에 중화권 유닛 슈퍼주니어-M이 결성된 것이다. 2PM, f(x), 엑소, 트와이스, 우주소녀WJSN 등 한동안 케이팝 산업에서는 외국인 멤버를 기용해 해외 진출의 용이를 꾀하는 것이 공식처럼 여겨지기도 했다. 이들은 현지어를 구사하는 장점을 뛰어넘어, 현지에서의 압도적 지지 역시 끌어냈다. 개개인의 출중한 기량도 크게 작용했으나, 일부분은 높아진 케이팝의 위상과도 무관하지 않았다. 한국에 가서 성공한 '동포'로서의 매력이 두드러지려면 그것이 대단한 일이어야 하기 때문이다. 이들의 존재는 케이팝 스타라는 꿈을 한국만이 아닌 외국에서도 근사한 것으로 인식시켰다. 그래서 리사나 민니는 태국인이지만 베트남인도 그에게 꿈을 이입할 수 있고, 말레이시아인도 케이팝 스타가 되려고 도전할 마음이 들 수 있는 식이다. 그러니 다국적 케이팝 그룹의 해외 출신 멤버란 특정 지역을 핀포인트로 저격하는 것 이상의 파급 효과를 일으킬 수 있는 셈이다.

다만 이들은 종종 인적 리스크의 대상으로 여겨지기도 했다. 물론 방송에서 대만 국기를 흔들어 중국 측에서 비토당하는 사례 등은 이곳에 함께 거론되기에 매우 부적절하다. 그것은 어디까지나 대만과 중국 관계의 특수성을 충분히 고려하지 못한 콘텐츠의 책임이다. 국가 간의 정치적 이슈로 인한 케이팝 산업의 문제를 특정 국가 출신 아이돌 개인에게 돌리는 건 '고심 끝에 해경을 해체'에 버금가는 편의주의적 나 몰라라 발상에 불과하다. 반면 아이돌의 이탈은 문제라고 부를 수 있다. 상당한 인기를 얻게 된 외국 출신 아이돌이 갑작스럽게 팀을 이탈하고 본국으로 돌아가 파장을 일으킨 경우가 있고, 그것은 멤버 변동에 매우 민감한 케이팝 팬덤에게 트라우마에 가까운 기억을 남겼다. 귀국 후 한국에서의 경험을 노예계약 등으로 토로하는 때도 적잖이 있어, 마땅히 지적되어야 할 케이팝 산업의 문제를 어쩌면 애매한 기회에 어쩌면 부적절하거나 과장된 방식으로 드러내며 이미지를 실추시키는 일도 있었다. 이 과정에서 "외국인은 어차피 도망갈 것", "지금 빨리 가라"는 식의 외국인 혐오가 팬덤 커뮤니티 내에 증폭되기도 했다.

이 같은 사태들에 대해 문화적 차이를 이유로 드는 해석이 많다. 힘든 트레이닝 과정이나 한국적 사회생활 등이 주로 거론된다. 그러나 외국 출신 아이돌들이 겪는 문화적 차이란 처우의 문제에 국한된다고 보기는 어렵다. 모든 직업은 특정한 형태의 노동과 자원을 지불하고 그에 따른 대가를 얻는 일이고 그 내역은 직업마다 다르다. 그러니 누구나 자신이 지불하고 싶은 것과 얻고 싶은 것이 다를 수 있다고 할 때, 직업에 따른 만족도는 개개인이 다르다고 할 수 있다. 케이팝 스타는 지금 한국 사회에서 가장 선망받는 직업의 하나지만, 또한 한국이라는 특수한 토양에서 발아한 것이다. 그러니 케이팝 스타가 지불해야 할 것들과 얻는 것들 역시 한국적 멘탈리티에 기반해 균형을 이룬 것이다. 개인에 따라, 그리고 문화적 배경에 따라, 어떤 이에게는 케이팝 스타의 삶 자체가, 막상 겪으면 회의감으로 가득한 일이 될 가능성도 충분히 있음을 짚고 싶다.

흔히 다른 대중문화산업에 비해 케이팝이 건전하다고 이야기하고는 하고, 이는 표면의 콘텐츠가 술, 마약, 섹스를 부르짖지 않는다는 점과 결부된다. 술, 마약, 섹스로 점철된 것을 스타의 삶이라고 생각해 동경한 이가 케이팝 아이돌이 되었을 때도 그는 케이팝의 규범이 지나치게 많은 걸 청구한다고 느낄 수도 있다. 물론 이건 케이팝 스타의 도덕적 이미지와 실생활이 어느 정도는 겹치리라 전제하던 버닝썬 사건 이전의 나이브한 통념을 기준으로 한 이야기다. 그러나 케이팝 스타가 누리는 것들 역시, 노예계약에 따른 수익 차이 이외에도, 인류가 보편적으로 기대하는 스타의 삶과 일치하지만은 않는다. 케이팝 세계 속에서 태어난 인물도 막상 스타가 되면 기대와 다르다고 느낄 수 있겠지만, 그 낙차는 다른 문화권에서 온 인물에게 더 크기 쉬움을 상정할 만하다.

그런 와중에 방탄소년단이 북미 시장을 열었다. 2017년 이후 방탄소년단의 북미 흥행은 가히 한국 대중음악의 상상의 한계를 연일 뚫어내는 나날과도 같았다. 다른 누구도 이루지 못한 성과다. 그리고 이들 일곱 명은 모두 내국인이다. 하다못해 영어를 잘해 현지에서 주로 소통을 담당하는 멤버도 교포가 아니라 일산 출신이다. 현지화 전략으로서의 외국인 멤버를 기용한다는 관념은 이 시점 이후로, 과거와는 전혀 다른 것이 될 수밖에 없었다.

'외국산 케이팝'의 시도들

잠시 눈을 돌려보자. 해외에서 케이팝을 생산하려는 시도는 꾸준히 있었다. 한국 음악방송에도 2017년에 모습을 드러낸 바 있는 미국 출신 보이그룹 EXP EDITION, 프랑스에서 2019년에 데뷔한 여성 솔로 윤YUN, 홍콩에서 2021년에 데뷔한 뒤 유명 드라마 제작사 초록뱀미디어 계열사를 통해 2015년에는 국내 활동도 시도한 걸그룹 애즈원AS 1* 등이 있다. 또한 엔싱크 N*SYNC 멤버 랜스 배스Lance Bass의 지원으로 데뷔한 미국의 보이그룹 Hear2Heart, 그 리더인 채드 퓨처Chad Future 등도 케이팝의 재현을 전면적으로 시도한 사례라 하겠다.

그러나 이들의 작업이 국내에서 설득력을 얻어내지는 못했다. 스스로 뮤직비디오 감독을 겸한 채드 퓨처는 미국에서 놀랍게도 청계천 같은 풍경을 찾아내 담아냈는데, 이것이 효과적이었을지는 의문이다. 수록곡도 빅스VIXX의 라비, 153/줌바스 뮤직153/Joombas Music의 프로듀서 신혁, 뉴이스트의 아론, 베스티BESTie의 유지 등과의 협업으로 탄생했음에도 반응이 긍정적이라 보긴 힘들었다. 특히 대학원에서 미술 프로젝트로 시작된 EXP EDITION의 경우는 거의 농담처럼 받아들여지기도 했다. 전문적인 케이팝 음악 제작의 경험이나 케이팝 산업의 취향과 미감에 대한 이해의 부족으로 해석될 만한 대목이 적잖았던 것도 사실이다. 윤의 경우는 프랑스 케이팝 팬덤 출신으로 이해

---

    *   1999년에 데뷔해 〈Day By Day〉 등으로 활동한 여성 2인조 알앤비 보컬그룹 애즈원As One과는 물론 다른 아티스트다.

되는데, 케이팝적 스타일링과 안무를 기반으로 프랑스어 보컬 틈새에 한국어 펀치라인을 넣는 식의 시도가 흥미롭기는 했으나 아무래도 아마추어적인 마감이 한계로 작용했다. 이들 대부분이 케이팝의 동시대를 호흡하기보다 짧게는 2~3년, 길게는 5년 이상의 과거를 참조하는 듯했다. 특히 해외 팬덤에게 인상을 강하게 남긴 2010년 전후의 케이팝 씬과 오버랩되는 모습을 많이 발견할 수 있었다. 케이팝에 대한 깊은 이해보다는 피상적인 차용으로 볼 여지가 있었던 것이다. 무엇보다 국내 팬들에게는 이질감을 많이 주었다고 할 만한데, 노래의 발음은 차치하고 발성 자체가 케이팝과는 확연한 차이를 보인 면이 컸기 때문이다.

흥미로운 것은 국내에서 무관심에 가까웠던 반응이 해외 팬덤에서는 한층 비판적으로 냉담했다는 점이다. 이는 외국인이 멤버로 참여하면 현지화에 유리한 점이 있으리라는 케이팝 산업의 통념과도 사뭇 다른 결과다. 해외 팬덤은 이런 외국산 '케이팝'에서 동류의식을 느끼지 못했다. 오히려 "이것은 케이팝이 아니다"라고 단호하게 선을 그으며 날 선 반응을 보인 경우도 많았다. 물론 결과물 자체의 설득력이 좀 더 있었다면 달랐을지 모를 일이다. 그러나 이들에 대한 비토는 한국에서 비롯되지 않았음에 집중하는 경향을 보였다.

해외 팬덤이 일종의 디아스포라적 성격을 갖고, '진정한 케이팝'이라는 정체성에 내지보다 더 큰 가치를 부여하고 있음을 보여주는 대목이다.

정작 주목할 만한 성취는 2018년 라이엇 게임즈Riot Games의 게임 「리그 오브 레전드League of Legends」에서 나왔다. 게임 내 캐릭터들로 구성된 가상 아이돌 K/DA의 싱글 《POP/STARS》가 퍼포머로 매디슨 비어Madison Beer, 자이라 번스Jaira Burns와 (여자)아이들의 소연, 미연을 함께 기용한 것이다. 특별히 케이팝이라고 세일즈한 것도 아니고, 프로듀싱도 케이팝의 인적자원이 아닌 라이엇 게임즈의 음악 팀이었다. 이 곡은 거의 완연히 케이팝으로 수용됐다. 물론 소연의 래핑이 워낙 선명하게 그의 것이었고 미연의 보컬 자체에 케이팝 '걸크러시' 프리코러스Pre-Chorus의 헌신 같은 데가 있었다. 그러나 케이팝의 과거를 참조하거나 동시대 트렌드를 차용하기보다 차라리 약간은 동떨어진, 그래서 오늘 데뷔한 참신한 케이팝처럼 동시대 케이팝과 나란히 경쟁할 수 있을 법한 곡이었다.

K/DA의 케이팝으로서의 설득력은, 같은 해 「마블 퓨처파이트MARVEL Future Fight」에서 케이팝 스타로 설정된 캐릭터 루나 스노우Luna Snow의 곡보다 오히려 훨씬 높은 것이었다. 루나 스노우는 심지어 한국 회사인 넷마블Netmarble의 작품이었음에도 말이다.

조금 경우가 다르지만 블랙스완BLACKSWAN의 사례를 살펴보고 넘어가고자 한다. 2020년에 데뷔한 이들은 한국인 없는 케이팝 그룹으로 알려졌는데, 배경은 그보다는 아주 조금 복잡하다. 블랙스완의 전신은 DR 뮤직에서 2011년에 데뷔한 라니아RANIA로, 과감한 섹시 이미지로 국내보다는 해외에서 인지도가 높은 편이었다. 결과론적으로 다소 방만한 운영으로 평가될 측면이 있는데, 무려 21명이 거쳐 간 그룹이라는 점이 그렇다. 그중에는 외국 출신 멤버도 다수 포함되어 있었으며, 특히 2015년에서 2017년까지 활동한 알렉스는 케이팝 최초의 흑인 아티스트*로 알려져 있다. 본래 그는 미국에서 프로듀서 L.A. 리드L.A. Reid에 의해 발굴되어 데프잼 레코딩스Def Jam Recordings와 계약하고 활동하던 인물이다. 그러나 안무 대형이나 프로모션에서 누락되는 일이 더러 있었고 국내 무대에서 출연이 적었으며 그나마도 자신의 파트 이후에 퇴장하다시피 하는 경우가 많아, 탈퇴 후 알렉스는 자신이 객원 멤버 취급을 받았다는 불만을 표하기도 했다. 그런 라니아가 2016년에 'BP 라니아**'로, 다시 2020년에는 블랙스완으로 리브랜딩했고,

---

* 이후 블랙스완도 흑인 멤버 파투Fatou를 포함하고 있다.

** 'BP'가 'Black Pearl(검은 진주)'의 약자임을 감안하면, 라니아가 알렉스의 존재를 특장점으로 세일즈하려는 (인종주의적이라고 해야 옳을) 의도가 있었을 가능성도 엿보인다.

이후 남은 한국인 멤버들이 이탈함으로써 외국인 케이팝 그룹이 되었다. 이들이 국내에서 유의미한 반향을 일으키고 있는 것은 아니다. 해외에서 성과도 대단하다고 말하기도 어렵다. 그러나 멤버 구성이 주는 소소한 화제성이 앞에서 거론한 사례들과 같은 반감으로 이어지는 기색 또한 별로 없다.

외국산 케이팝의 사례들에서 엿볼 수 있는 것은 해외에서 케이팝의 정통성이 제법 중요하다는 점이다. 과거에도 해외 팬들은 자신들이 좋아하는 케이팝 아티스트가 한국에서 얼마나 인기 있는지에 관해 민감하게 생각하고는 했다. 그 이유 중 하나는 케이팝을 접하는 플랫폼의 차이가 있다. 국내에서의 인기 지형도가 음악방송의 실질적 큐레이션의 영향 아래에 있다고 한다면 해외 팬들은 유튜브 등을 통해 비교적 수평적으로 여러 아티스트를 접하게 된다. 국내외 인기도의 차이는 취향차만으로 설명하기보다, 해외 팬들이 아티스트를 접하는 과정에 국내의 지형도가 덜 반영된 점을 감안할 필요가 있다. 이 차이에서 국내 팬들로부터 종종 "눈치 없다"는 면박을 듣기도 한 해외 팬들은, 본토에서의 인기도를 어떠한 지표로서 받아들이는 경향도 있었다. 이 구도에 변화가 생긴 것은 2017년의 방탄소년단 이후로, 국내에서 상대적으로 덜 주목받던 방탄소년단은 일찍부터 해외 팬들의 열성적인 지지를 받았고, 결국 유례없는 성공과 '진짜'라는 레이블을 달성한 것이다. '한국 팬들은 몰라봤지만 우리는 알아봤다'는 인식이 생겨나기 시작하면서 해외 팬들은 국내의 눈치를 덜 보게 되기도 했다.

그럼에도 종주국으로서 한국 시장의 위상은 어느 정도 유효하고, 한국 내 인기도의 비중은 낮아졌으되 다른 규준은 남거나 혹은 강화된 측면도 있다. 가령 케이팝을 피상적으로 모사한 아마추어적 색채가 엿보이는 경우 반감을 살 수 있으며, 그 외에도 케이팝에서 출발해 정통성을 갖거나 케이팝 산업의 인물이 아주 강한 존재감을 보이는가, 그리고 스타일과 퀄리티가 동시대 케이팝과 경쟁하고 있다고 믿을 만한 범위 내에 있는가 같은 부분은 때로 과거보다 더 관심을 모으는 대목이다.

해외와의 합작 모델

케이팝의 '현지화'라는 주제로 돌아온다. 다음 단계는 국내와 해외의 합작 모델이었다. 이는 SM엔터테인먼트가 2016년 발표한 엔시티의 초기 구상과 'CT-2', 'CT-3*'와도 관계된다.

---

*   이수만 전 SM엔터테인먼트 회장이 주창한 문화기술Culture Technology 이론에 의하면 한류 발전의 1단계CT-1은 국내에서 제작된 한류 문화상품을 단순 수출하고, 2단계CT-2는 현지와의 합작을 통해 시장을 확대하며, 3단계CT-3는 현지에서 한국의 CT를 전수함으로써 한류 현지화를 이룬다는 것이다.

원래 엔시티는 SM의 문화기술CT과 브랜드가 'n개의 도시city'에서 현지를 겨냥한 유닛을 제작한다는 아이디어였다. 플래그십 유닛 엔시티 127NCT 127이 서울의 경도longitude를 이름에 담고 서울에서 활동하듯, 아르헨티나에서 엔시티 부에노스아이레스*, 튀르키예에서 엔시티 이스탄불** 등이 나온다는 것이다. 고스란히 실현된 것은 중화권 유닛 웨이션브이威神V, WayV에 그치지만 구상 자체는 어느 정도 설득력 있고, 다른 형태로나마 조금씩 케이팝 산업의 현실이 되어가고 있는 셈이다.

이 분야에서는 활발하게 움직인 CJ ENM은 크게 두 가지 방향의 작업들을 선보였다. 하나는 국내를 기반으로 한 다국적 오디션으로 다국적 케이팝 그룹을 결성하는 것, 또 하나는 자사의 서바이벌 오디션 엠넷「프로듀스 101」등의 IP를 바탕으로 해외 현지 활동 중심의 그룹을 제작하는 것이었다.

전자는 일본의 아키모토 야스시秋元康와 협력한「프로듀스 48」을 통해 2018년에 데뷔한 걸그룹 아이즈원,「걸스플래닛 999 : 소녀대전」의 결과물로 2022년에 데뷔한 걸그룹 케플러Kep1er,「보이즈 플래닛」의 데뷔조로 2023년에 공개된 보이그룹 제로베이스원 등이 해당한다. 이들이 일본 시장에 어느 정도

---

*   필자가 임의로 지어낸 가상의 예로, 존재하지 않는다.
**   필자가 임의로 지어낸 가상의 예로, 존재하지 않는다.

방점을 둔다고 볼 수는 있으나, 다국적 멤버로 구성되어 해외 시장의 존재를 전제로 활동한다는, 현세대 케이팝 아이돌들의 기본적인 특징과 근본적인 차이를 보이는 것은 아니다.

반면 후자는 딱히 한국어 음반 발매나 한국 활동에 관심을 두지 않고, 현지에서의 활동에 치중하는 해외 아티스트다. 중국에서 「창조 101 創造101, PRODUCE 101 China」을 거친 걸그룹 화전소녀 101 火箭少女101, Rocket Girls 101, 일본에서 「101」 시리즈를 이어가며 제작된 보이그룹 JO1, 보이그룹 INI, 걸그룹 미아이ME:I 등이 여기에 해당한다.

'현지화 아티스트' 제작 모델

국내의 창작자와 기획자가 해외에서 현지화 아티스트를 제작하는 일도 많아졌다. JYP엔터테인먼트는 중국에서 텐센트음악 엔터테인먼트 그룹과 합작해 NCC엔터테인먼트를 설립, 2018년에 보이그룹 보이스토리BOY STORY를, 이어 일본에서 소니뮤직엔터테인먼트와 2020년에 걸그룹 니쥬NiziU, 2024년에는 보이그룹 넥스지NEXZ를 각각 제작했다. 또한 미국의 리퍼블릭 레코드Republic Records와의 합작으로 서바이벌 오디션 「A2K」를 개최하고 2024년 1월에 북미 걸그룹 비춰VCHA를 데뷔시켰으며 이후 남미권에서 라틴 걸그룹 데뷔를 목표로 하는 오디션 「L2K」를 진행한다고 밝혔다. 하이브는 하이브 재팬의 작업으로 일본 현지화 보이그룹 앤팀&TEAM을 2022년에, 미국의 게펜 레코드Geffen Records와의 합작으로 걸그룹 캣츠아이 KATSEYE를 2024년 6월에 발표했다. SM과 카카오엔터테인먼트는 영국의 문앤백Moon&Back과 함께 보이그룹 디어 앨리스 dearALICE를 제작, 2024년 중 데뷔를 알렸다. 또한 SM엔터테인먼트 대표를 지냈던 하세민 의장이 설립한 타이탄 콘텐츠TITAN CONTENT는 아예 미국에 본사를 두고 있으며 2025년 상반기에 '앳하트AtHeart'의 데뷔를 진행 중이다.

이들은 앞선 CJ ENM의 사례에 빗대자면 해외 아티스트로서 기획되었다. 다만 중국, 일본 시장을 겨냥하고 현지어로 노래하는 사례들에 비해 영미권을 향해 영어로 노래하는 글로벌 기획들은 국내에서도 소구력을 발휘할 가능성이 없지 않다.

앤팀은 오디션 프로그램 「I-LAND」를 출발점으로 삼았는데, 같은 프로그램을 통해 2020년에 먼저 데뷔한 엔하이픈 ENHYPEN과의 연결점을 만들며 페어 그룹과도 같은 형태로 설정하고 있다는 점이 흥미롭다. 캣츠아이는 케이팝의 장점으로 여겨지고는 하는 건전한 틴팝의 매력을 도출하고 있는 듯하다. 디어앨리스는 이 책을 쓰는 시점에서 제한된 정보만으로 볼 때 간질간질하고 달달한 남성상을 통해 비슷한 지점을 향하는 것 같다. 비춰는 사실 영미권 틴팝의 범주에서는 케이팝적 상큼을 향해 치우친 모습이기도 한데, 우리에게 익숙한 케이팝 아티스트들이 연상될 만큼 목소리의 활용 또한 케이팝적으로 가다듬은 인상을 남긴다. 이들은 케이팝의 시선에서 낯설기도, 익숙하기도 하다. 어떤 장면은 너무 케이팝적이라 외국인의 얼굴이 담긴 화면이 처음엔 조금 어색하게 느껴지기도 하고, '굳이 케이팝이라고 부를 필요가 있나?' 싶도록 무난하게 팝적인 대목도 있다. 뮤직비디오의 콘셉트나 연출, 곡의 구성, 사운드, 안무, 보컬 등 모든 면에서 제각각인 작품들이지만, 피부로 느껴지는 케이팝 느낌의 함량만큼은 일정 이상이고 그것이 나름의 설득력을 지니고 있다. 사실 케이팝은 여러 가지 요소가 지난 20여 년에 걸쳐 점진적으로 다져진 양식이라 할 만하다. 가창 언어만 바꾼다고 글로벌 팝이 되지 않는다는 것은 케이팝 음반에 종종 수록되고는 하던 영어 버전 음원이 주던 어딘지 묘하게 어색한 느낌으로도 충분히 증명되고도 남을 것이다. 각각의 작업은 나름의 시선으로 케이팝을 정의하고 이를 외국인 멤버와 해외 시장에 맞춰 효율적으로 적용하려는 시도로 읽히고, 또한 그것이 지금부터 점진적으로 시도될 연속된 실험의 첫 단계라 볼만하다.

이 같은 시도들, 특히 아시아권 바깥을 향하는 아티스트들의 경우 인종적 다양성도 눈에 띈다. 이는 타깃 시장의 보편적 가치와 현실을 반영한 것이기도 하고, 세계 속에서 케이팝

케이팝 씬의 순간들

이 차지하는 위치를 고려하기도 한 것으로 보인다. 소수자 그룹에 의해 케이팝의 성장이 견인되고, 이들과 (표면적으로) 가치를 공유할 수 있는 집단들을 중심으로 몸집을 불린 것과 무관하지 않다. 한국인 또는 동아시아계에 어느 정도 근접해있는 얼굴들만으로 구성되었던 케이팝에 있어, 이 다채로운 얼굴들은 그 자체로 하나의 실험의 장이다. 본격화한 것은 그리 오래되지 않았기에 그 성과나 시장 파급력을 진단하기는 아직 이르다. 다만 이 실험의 결과에 따라서 케이팝의 얼굴이 달라질 수 있음은 분명해 보인다. 다양성의 얼굴을 한 케이팝이 시작될 단초는 지금부터다.

한국으로 다시 들어오는 '외국산' 케이팝

최근의 또 한 가지 흥미로운 경험은 해외에서 기획·제작되어 케이팝의 본류로서의 한국 시장으로 진입하는 사례가 등장했다는 점이다. 과거의 다소 인디펜던트했던 사례들에 비해 한국 측 기획자나 트레이너가 관계된 경우들도 왕왕 있고, 결과물의 완성도가 갖는 케이팝으로서의 설득력 또한 높다. 「보이즈 플래닛」 등을 통해 얼굴을 알린 멤버들로 구성된 일본의 보이그룹 TOZ의 타쿠토는 일본에서 먼저 데뷔한 후 한국어 버전 음원을 발매했고, 2024년에 데뷔한 걸그룹 유니코드UNICODE

도 일본인으로 구성되어 한일 양국 활동을 모색하고 있다. 니쥬는 데뷔 3년 만인 2023년에 한국어 음반을 발매하며 '한국 데뷔'를 했고 넥스지는 한국에서 먼저 데뷔 음반을 냈다. 필리핀의 오디션 서바이벌 「드림 메이커Dream Maker」를 통해 결성된 보이그룹 호라이즌HORI7ON은 한국어로 노래하며 한국에서 활동하고 있다. 2022년, 일본 에이벡스AVEX 계열사인 엑스갤럭스XGALX가 제작한 전원 일본인 걸그룹 XG도 케이팝 산업 내부에서 활동 중이다. 이외에도 필리핀 출신 보이그룹 뉴아이드new:ID, 인도네시아 걸그룹 스타비StarBe 등도 눈에 띈다.

이들이 국내 시장에 대단한 임팩트를 남기고 있다고 말하기는 어렵지만, 적어도 XG는 케이팝 시류에 민감한 이들 사이에서 독보적인 스타일과 퍼포먼스로 상당한 주목을 받고 있다. 때로 "케이팝이냐 아니냐"는 논쟁이 일기도 하고 그것에 멤버들의 국적, 특히 민감한 한일관계에서 비롯된 감정이 섞이기도 한다. 그러나 XG가 (때로 에스파와 비견되며) 케이팝의 동시대성을 확연히 드러내고 있는 것도 사실이다.

한국어로 가창하는 전원 외국인 그룹에는 흔히 한국어 발음이 지적되고는 한다. 그것이 가진 인종주의적 함의를 내려놓을 수는 없지만, 한국 시장에서 안정적으로 안착하는 데 있어 작지 않은 요소인 것 또한 사실이다. 호라이즌이 인상적인 것은, 차라리 다른 말로 들리거나 잘 안 들릴 때는 있을지언

케이팝 씬의 순간들

정 한국어가 아닌 것으로 들리지는 않는다는 점이다. 프로덕션과 멤버들의 노력이 뒷받침되었겠으나, 프로듀싱 관점에서 한국어의 음성적 특징에 대한 고려가 있었음을 유추할 수 있다. 이는 XG와 EXP EDITION을 비교하면 더욱 극명하다. EXP EDITION은 음절의 뒤쪽으로 강세를 밀어내는 알앤비 스타일의 레이드백laid back 발성을 지향하면서 그 이질감이 더 커졌다면, XG는 음절의 첫머리에서 단단하게 내뱉는 방식이 두드러진다. 알앤비를 기조로 하되 한국어의 특성과 케이팝의 정서에 맞게 진화한 케이팝적 발성이라고도 하겠다. 일본어와 한국어의 어학적 거리가 더 좁은 점과 더불어, XG가 한국에서 보컬 트레이닝을 거친 것과도 무관하지 않을 대목이다.

새롭게 질문하는 '케이팝'이라는 정체성

과도기적 시행착오와 새로운 가능성 사이를 오가며 진화해온 해외 제작 '케이팝'은, "무엇이 어떠할 때 케이팝스럽다고 느끼는가"라는 질문을 던지게 한다. 또한 실제로 그 해답의 단초를 제시함으로써, 케이팝의 정체성을 이해하게 한다. 이런 정의에 관한 담론은 그간 기획자, 작곡가, 연행자의 국적을 말하는 등 늘 인적 요소에서 출발하는 경향을 보였다. 이는 케이팝이 혼종적인 콘텐츠에 국적이라는 우산을 씌우면서 시작된 용어이자 현상이기 때문이다. 그러나 이제는 케이팝의 요소들이 어디의 누구에게서 비롯되었는가를 따지기보다, 어떻게 조합되고 연행되었느냐가 중요한 시점이다. 그것이 아니고서는 매우 납작한 대답만을 구할 수 있는 질문들이 어느 때보다 많고 풍성해졌다. XG는 케이팝인가, 호라이즌은 케이팝인가, 케이팝에서 '케이(K)'를 뗀다는 것은 무엇인가 같은 것들 말이다.

한때는 케이팝이 하나의 문화기술로서 해외에 수출된다는 게 허황되게 들렸을지 모르지만, 이제는 그것이 현실화되고 있다. 성공적이라면, '한국에서 나온 특정한 유형의 음악 콘텐츠'라는 의미로서 '케이팝'이라는 용어를 사용하는 사고에는 전환점이 찾아올 수 있다. '한국에서 비롯된 음악 콘텐츠 방법론'이라는 의미가 될 수도 있고, 이를 'K-Pop Influenced(케이팝의 영향을 받은)'라 수식하거나 혹은 또 다른 용어를 찾아낼 수도 있겠다. 그러나 용어보다 더 중요한 것은, 그 실체가 좋든 싫든 지금 시작되고 있다는 점이다.

케이팝은 다문화에 준비되어 있을까?

마지막으로 짚고 싶은 것은 케이팝 산업의 인종적 수용성이다. 우리는 종종 인종적 다양성을 해외 시장 전략으로 생각하고는 하지만 한국은 이미 다문화 사회의 목전에 들어섰다.

정부 발표에 따르면 2023년의 국내 체류 외국인 수는 전체 인구 대비 4.89퍼센트였고, 귀화자나 결혼이민자 등 다문화 인구만도 2.3퍼센트에 달했다. 2022년의 전체 출생아 중 5퍼센트가 다문화 출생이었다. OECD에서는 이주배경인구가 전체 인구의 5퍼센트를 넘으면 다문화·다인종 국가로 분류한다. 그럼에도 케이팝으로 표현되는 사회는 썩 그렇게 보이지 않는다. 우리는 케이팝 산업에 다문화 아이돌이 더러 있다는 사실을 알고 있지만, 거의 언급이 금기시되는 현실이다. 케이팝 아이돌들이 '한국인' 다음으로 해외 출신 '한국인', 동아시아인, 동남아시아인, 백인계 다문화, 흑인 순으로 뻗어가는 폐쇄적이고 수직적인 계층 구조로 인구 분포가 이뤄져 있는 것 또한 사실이다.

케이팝이 내수용 '단일 민족' 산업에서 글로벌한 다문화 산업으로 이행하는 데, 국내적으로 다문화를 포용하지 못한 채해외 제작으로 건너뛰고 있다는 점은 무척 아쉬운 일이다. 불링bullying의 빌미가 될 수 있다는 우려도 일리는 있다. 그러나 (국내) 대중의 선호에 따른 어쩔 수 없는 현상이라고만 하기에는 설명이 모자란다. 이미 해외 시장을 당연한 전제로 하는 산업이 되어버린 마당에, 우리 사회와 다문화 인구에게 어떤 메시지를 보내고 있는지를 생각해볼 수 있으면 좋겠다.

EP

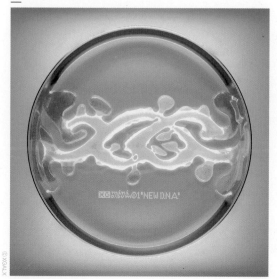

@XGALX

NEW DNA

XG

발매일 2023.09.27

데뷔 1년 만에 발표된 XG의 첫 미니 앨범. 걸그룹 씬에 비전통적이고 강렬한 콘셉트가 봇물 터지
듯 쏟아지는 시기였다고는 하나 XG는 그중에서도 눈에 띌 수밖에 없었다. 뉴진스나 르세라핌이 '위
험한 장르들'을 케이팝 안에 녹였다면, XG는 케이팝의 영향권 내에서 '위험한 장르'를 하는 아티스
트처럼 느껴지는 데가 있다. 날카롭고 위압적인 음색과 래핑은 공격성을 한껏 끌어올린다. 통념적
이고 통상적인 미를 벗어나 감각을 강렬하게 자극하는 하이패션과 초현실적 이미지도 XG의 비범
함을 구성한다.

XG는 케이팝의 최첨단과 경쟁하는 아티스트고, 얼마나 심각한 본때를 보여줄 수 있는지 이 미니 앨
범 《NEW DNA》를 통해 유감없이 들려준다. 뮤직비디오를 따로 감상할 때는 아찔아찔한 〈PUPPET
SHOW〉도 미니 앨범의 마지막 곡으로 들을 때는 그제야 안심감이 들 지경이다.

Girls of the Year

비춰
발매일 2024.01.26

비춰의 재미있는 점 중 하나는, 이들의 목소리가 아주 많은 곳에서 케이팝 걸그룹 그 자체로 들리기에 "손색이 없다"는 데 있다.

마침 뮤직비디오도 (지금도 유효한) 원더걸스의 전통을 따라 연습실에서 꿈꾸다 무대에 오르는 서사를 취하고, 후렴의 무대도 케이팝 전통의, 그런데 이제는 「프로듀스 101」을 떠올리게도 하는 피라미드 세트를 보여준다. 한국 아이돌의 연습실이나 바닥의 테이핑이 그대로 보이는 무대는 케이팝이 세계인에게 꿈이 될 가능성이 제기된 시대를 느끼게 한다. 또한 JYP 엔터테인먼트가 얼마나 '정말로 케이팝'을 만드는 데 진심이었는지도. 그래서 이것은 '좋은 케이팝', 또는 '좋은 JYP 케이팝'이다. 빠른 비트 위에서 벅차게 터져 나오는 후렴의 아련하고도 상큼한 맛은 케이팝을 피상적으로 복제해서는 결코 나올 수 없는 진미임이 분명하다.

Roll Up

블랙스완
발매일 2024.07.31

국내와 국외 팬덤의 취향에 차이가 있다는 것은 정설에 가깝지만, 이를 고려할 때도 블랙스완의 음악적 전략은 흥미로운 데가 있다. 해외 성향에 맞춘 결과라기보다는, 국내 시류와 거리를 둠으로써 차별화를 노리는 것으로 들린다는 점이 그렇다. 말하자면 (여러 가지로) '다른 케이팝'으로서 소구하려 한다. 기존에 찍어 누르는 걸크러시가 뉴진스와 르세라핌 이후 대체된 것 역시 그러하다. 이들은 차라리 2010년대 후반의 딥하우스 케이팝을 경유해 참조한다. 케이팝의 이미지를 충분히 활용하되, 그렇다고 많은 이가 '좋았던 시절'로 향수하는 2010년 전후도 아닌 다음 세대를 짚어낸 점이 매력적이다. 나름대로 전통 있는 레이블로서의 확고한 취향도 이 결과물에 기여한다. 이들의 확고한 취향은 블랙스완의 음악에 담긴 낯선 시도들이 어쨌든 준수한 케이팝으로 들리게 하는 데 전혀 아쉬움이 없게 하기 때문이다.

정규

Friend-SHIP

호라이즌
발매일 2023.07.24

한국에서 데뷔한 필리핀 출신 7인조 보이그룹의 첫 정규 앨범. 친숙함과 낯섦을 동시에 제공하는데, 시류와는 살짝 엇나가 있기 때문이기도 하다. 다만 이는 케이팝의 외부자들이나 소자본 아이돌이 미처 '따라가지 못하는' 모양새와는 다소 다른 기분으로 다가온다. 수록곡들은 케이팝 보이그룹이 들려줄 수 있는 것들을 꽤 넓은 스펙트럼으로 커버하는데, 그중에서도 인피니트 등이 들려주던 2010년대 초반의 케이팝을 끌어와 조금 덜 독하게 만들어 동시대성과 편안함을 확보하고자 하는 대목들이 유난히 눈에 띈다.

맛깔스럽게 스타일을 부린 발음 연출이 유쾌함을 더하는 〈SIX7EEN〉과, 레퍼런스가 뿌리를 둔 1990년대 댄스 가요를 확 끌어안는 제로미와 마커스의 유닛 곡 〈How You Feel (feat. 하은 of Lapillus)〉은 단연 필청곡이다.

SIS (Soft Is Strong)

캣츠아이
발매일 2024.08.16

〈Debut〉의 강인함과 〈Touch〉의 사랑스러움이 연이어 듣기에 온도차가 좀 있다는 불만이 있을 수 있다. 다만 미니 앨범 전체를 들었을 때는 그런 점도 희석된다. 워낙 백화점식으로 구성되어 있고, 곡마다 각자의 매력을 담보하고 있기 때문이다. 어떤 의미에서는, (많은 부분이 1990년대의 영국에서 데뷔해 스파이스 걸스Spice Girls와 슬쩍 라이벌 관계를 형성했던 걸그룹 올세인츠All Saints라는 레퍼런스를 가리키고 있음에도) 다채로운 구성이라는 케이팝의 특징을 조금 더 부풀린 모양새이기도 하다.

〈Debut〉가 "이래라저래라 하지 마라, 날 가공하려 하지 마라"는 가사로 채워진 것은 그래서 마치 '메타-케이팝인가?' 하는 기분마저 준다. 해외 지향 케이팝에서 케이팝의 특징을 일부러 전시하거나 과장하는 것은 나쁘거나 낯선 전략만은 아니다. 반면 곡 내부에서는 케이팝 특유의 구조를 팝적인 매끈함으로 가다듬어 부담 없도록 안배했다. 케이팝적 매력과 썩 좋은 팝송이 함께하는 결과물이라 할 수 있다. 〈Touch〉의 애교스러운 느낌이 그저 예쁘장한 인형처럼만 느껴지지 않는다는 점도 캣츠아이에게서 주목할 특이사항이다.

강한 자가 살아남는 것이 아니라 성공한다?

2024년에 나온 프로그램이기는 하지만, 「로드 투 킹덤 : ACE OF ACE」를 보면 참가한 모든 팀이 강한 정체성을 가지고 있다는 인상을 받을 수 있다. 물론 경쟁이 있는 프로그램에 나와서 유한 모습을 보여주는 팀이 누가 있냐고 반문할 수도 있겠지만, 지난 2020년에 방영되었던 「로드 투 킹덤」과 비교해보자. 그 당시 온앤오프나 원어스ONEUS, 베리베리가 선보였던 퍼포먼스의 결들은 부드러움이나 팀의 정체성을 좀 더 부각하는 쪽에 무게를 두고 있었다. 물론 모두 다 그랬다는 건 아니다. 경연에서 필요한 것이 강함이기는 하나, 비교되는 부분이라 생각한다. 물론 앞서 이야기한 청량한 콘셉트가 대세였다는 점을 부정하려는 건 아니다.

하지만 2024년은 그 양상이 다르다.

이렇게 강한 인상을 가진 보이그룹이 증가하는 데에 기여한 것은 단연 스트레이 키즈와 에이티즈의 세계적인 성공이다. 두 그룹 모두 공통점이 확실하게 존재한다. 인하우스 프로듀서가 있다는 점, 멤버들이 직접 제작에 참여한다는 점, 힘 있는 퍼포먼스 그리고 국내보다 해외에서 훨씬 큰 성과를 냈다는 점이 그렇다.

성공에 공식은 없다. 하지만 스트레이 키즈와 에이티즈라는 좋은 선례가 만들어졌으므로 따르지 않을 이유도 없다.

지표를 뛰어넘는 상징성:
스트레이 키즈와 에이티즈를 중심으로

스트레이 키즈가 빌보드 200에 진입한 것은 2022년 3월에 발매한 앨범 《ODDINARY》부터다. 이후 《MAXIDENT》, 2023년에 발매한 《★★★★★ (5-STAR)》, 《樂-STAR》, 2024년에 발매한 《ATE》까지 앨범 5개가 연속 1위를 달성했다. 다섯 장의 앨범이 연속으로 1위를 기록한 것은 빌보드 차트가 생긴 이래로 흔치 않은 기록이다. 여기에 2023년에는 〈락 (樂)〉이 싱글 차트인 핫 100에도 진입했고, 2024년에는 〈Chk Chk Boom〉이 49위에 진입하기도 했다.

판매량도 상당하다. 《ODDINARY》의 150만 장에 이어 300만 장, 그리고 《★★★★★ (5-STAR)》는 500만 장의 판매량을 기록하며, 미국에서 가장 많이 팔린 케이팝 앨범이 되었다. 에이티즈 또한 그 성과가 작지 않다. 《THE WORLD EP.2 : OUTLAW》는 150만 장이라는 판매량을 이뤄냈고, 이어 꾸준히 판매량을 유지 중이다.

두 지표가 케이팝의 전부는 아니다. 같은 시기, 앨범 판매량으로는 세븐틴이 압도적으로 앞서고 있으며, 그 외에도 엔하이픈, 엔시티 127 등 어마어마한 지표를 차지한 그룹은 더 있다.

그러나 두 그룹은 유독 상징적이다. 앞서 언급한 공통점, 그러니까 곡 제작에 참여하는 멤버가 있고 힙합을 베이스로 하며 강렬한 퍼포먼스를 선보인다는 점에서 좀 더 주목을 받았다.

그 가운데 스트레이 키즈는 반항적이면서도 자신들의 자신감을 보여주는 가사, 〈특〉이나 〈락 (樂)〉처럼 소재부터 표현까지 독특한 곡들은 물론 〈SUPER BOARD〉, 〈위인전〉처럼 스스로를 큰 존재로 드러내는, 힙합 음악에서 주로 만날 수 있는 자기 과시가 위트 있게 드러난다. 여기에 에이티즈는 뚜렷한 콘셉트를 넘어선 세계관, 특히 〈BOUNCY (K-HOT CHILLI PEPPERS)〉나 〈미친 폼 (Crazy Form)〉에서 표현해낸 독특한 비주얼을 주목할 만하다. 이들은 다른 그룹이 좀처럼 소화하기 힘들 것 같은 콘셉트를 자신들의 것으로 풀어내는 능력에 있어서 명확한 차별점을 완성한다.

이들의 프로듀싱 능력 또한 주목할 만하다. 엔시티 127도 힙합을 베이스로 하고 래퍼들이 직접 가사를 쓰기도 하지만 스트레이 키즈의 경우 쓰리라차3racha*는 작곡까지 해내는가 하면 에이티즈의 홍중, 민기는 사실상 모든 곡의 가사에 직접 참여하므로 그 차이가 있다. 물론 각각의 기획사가 가진 특징 때문에 부여되는 서사도 있다.

---

*   방찬, 창빈, 한으로 구성된 스트레이 키즈 내 프로듀싱 팀.

상황이 이렇다 보니 최근 데뷔한 그룹에서는 래퍼 포지션도 다시 늘어나는가 하면 팀 내에서 곡을 쓰는 멤버도 생겨나고 있다. 이러한 현상은 케이팝 시장의 판도에 큰 변화를 주기도 한다. 지금까지 케이팝의 음반 제작 과정이 곡을 받고 콘셉트를 회사 측에서 결정하는 것이 통상적인 방식이었다면, 이제는 멤버들이 직접 참여하는 것을 넘어 멤버들이 주도하는 흐름이 자리 잡을 수도 있다는 것이다. 싱어송라이터가 옳고 보컬리스트가 그르다는 식의 판단은 좋지 않지만, 그럼에도 케이팝음악 시장의 다양성에도 도움이 될 뿐만 아니라 좀 더 당사자성을 띤 음악도 들을 수 있게 된다.

케이팝이 점차 흥미로워지는 중이다.

이러한 현상으로 얻을 수 있는 건 멤버들의 나이대에, 동시에 팬덤의 나이대에 들을 수 있는 이야기를 만날 수 있다는 것이며 멤버들의 생각이 실질적으로 녹여든 만큼 가사나 스토리, 메시지에 있어서도 더욱 탄탄해진다. 더불어 세계관이 곧 멤버들의 삶 그 자체가 되기도 한다. 케이팝 그룹의 구성원으로서 가져가는 삶의 경험이 반영될 수도 있는 만큼 무조건 공감대를 만들 수 있다는 기대는 하지 않는다. 여기에 이와 같은 흐름이 걸그룹까지 넘어오게 된다면 더욱 흥미로워질 것이다.

두 그룹 덕분에, 그리고 판매량이나 미국 내 차트 지표에서 성공을 거둔 음악들이 강한 성격을 띠고 있다는 지표가 있기에 한동안은 소위 말하는 '센 콘셉트'가 주류가 되지 않을까 조심스럽게 예상해본다.

실제로 미국 음악 시장은 여전히 힙합 음악이 강세를 띄기도 하고, 에이티즈뿐만 아니라 피원하모니P1Harmony처럼 북미 음악 시장에서 좋은 성과를 거두는 그룹의 경우 대체로 힙합을 메인으로 삼는 편이다. 과거에도 B.A.P처럼 강한 음악을 하는 그룹이 해외에서 많은 사랑을 받는 경우들이 존재했다.

타깃이 한국에서 한국 밖으로 확장되고 있다.

전 세계를 타깃팅하는 것을 희망이 아닌 목표로 삼고 있는 지금, 앞으로의 케이팝 음악은 또 어떻게 변화할지, 이러한 흐름에 맞춰 SB19* 같은 그룹도 그 효과를 볼 수 있을지 귀추가 주목된다.

---

*   세계적으로 성장 중인 필리핀 보이그룹. 강렬한 콘셉트를 지니고 있다. 한국 기획사 쇼비티가 필리핀에 현지 인재를 뽑아 훈련시켰고, 그 외에도 이들의 프로덕션이나 자체 콘텐츠 등 제작 전반에 케이팝의 노하우를 적용한 것으로 알려져 있다.

정규

★★★★★(5-STAR)

스트레이 키즈
발매일 2023.06.02

이 앨범 전작인 《MAXIDENT》의 수록곡 〈CASE 143〉에서 스트레이 키즈의 음악적 감각이 비로소 만개했다는 인상을 받았다면, 《★★★★★ (5-STAR)》는 스트레이 키즈가 가진 정체성을 자리잡게 하는 데 가장 중요한 앨범이라고 생각한다. 지표적인 부분으로, 혹은 정규 앨범이라서 그렇다고 할 수도 있다. 하지만 그게 전부는 아니다. 〈특〉이 가진 카리스마와 재치, 캐치함은 물론 첫 곡인 〈위인전〉에서 들려주는 자신감부터 타이거 JK의 피처링, 케이팝 정규 앨범임을 고려하면 결코 적지 않은 곡 수까지 감탄하지 않을 수 없기 때문이다. 여기에 힙합을 중심으로 록이나 전자음악을 섞거나 리듬의 변형을 가져가는 등 그룹이 가져갈 음악적 방향을 확고하게 제시하고 있다.

스트레이 키즈는 이 앨범 이후로도 발전적인 모습을 보인다. 《樂-STAR》에서는 《MAXIDENT》, 《★★★★★ (5-STAR)》의 장점을 연장선으로 가져가면서 보컬 라인이 가진 장점까지 풀어냈다. 《樂-STAR》의 첫 곡인 〈MEGAVERSE〉부터 〈락 (樂)〉으로 이어지는 라인이 스트레이 키즈의 정체성이라면, 이후에 등장하는 다양한 스타일의 곡은 스트레이 키즈가 가져갈 수 있는 확장성이자 훌륭한 변주라 할 수 있다.

기존 음악가들의 고전적인 방식이 정규 앨범에서는 좀 더 그 음악가의 정체성을, EP 단위의 작품에서는 변주를 보여주는 식이었다면 스트레이 키즈는 그 방식을 자연스럽게 가져가는 느낌도 있다. 여기선 《★★★★★ (5-STAR)》를 꼽았지만, 이를 제외하고도 스트레이 키즈는 정규 앨범을 정규 앨범답게 선보이는, 그래서 멋과 가치를 지닌 작품들을 만들어가고 있다.

EP

©KQ Entertainment

THE WORLD EP.1 : MOVEMENT

에이티즈
발매일 2022.07.29

에이티즈는 한 가지 시리즈를 길게 가져가는 편이다. 《TREASURE》 시리즈는 1년이 넘는 시간 동안 다섯 장의 앨범으로, 《FEVER》 시리즈는 약 2년 가까이 네 장의 앨범으로 풀어 나갔다.
《WORLD》 시리즈도 짧지 않은 시간 동안 풀어낸 케이스다. 그중에서도 이 앨범은 첫 발이자, 에이티즈의 성장에 있어 중요한 시기를 담았다. 특히 디스토피아적 세계관에서 세상을 바꾸겠다는 강한 의지가 담긴 타이틀곡 〈Guerrilla〉를 중심으로 앨범 전체가 이야기를 풀어내는 데에 집중하고 있어서 매력적이다. 아무래도 에이티즈의 가장 큰 매력이 앨범 전체를 통해 서사를 풀어낸다는 점, 그리고 그 표현 방식이 독특하다는 점이 아닐까 싶은데 《THE WORLD EP.1 : MOVEMENT》는 그 매력이 극대화되어 있다. 반면 《WORLD》 시리즈의 마지막 앨범이자 정규 앨범인 《THE WORLD EP.FIN : WILL》의 경우, 이들의 활동 최초로 멤버들의 유닛 곡이 실려 있다는 점이 눈에 띈다. 그 다음으로는 무엇보다 에이티즈의 확장성은 물론 세계관을 자유롭게 활용하며 좀 더 유연하게 음악과 퍼포먼스를 풀어내겠다는 여지도 보인다. 그래서인지 곡의 성격도 다양하고, 여러 곡이 한 가지 서사에 묶이기보다는 그룹(또는 그룹의 세계관)에 대한 이해가 없어도 곡을 즐길 수 있을 만큼 직접적이다.
《THE WORLD》 시리즈의 포문을 여는 《THE WORLD EP.1 : MOVEMENT》는 케이팝의 미덕은 물론 이 앨범이 생겨나기 전 에이티즈가 고루 보였던 역량이 모두 담긴 총집합체인 셈이라 더더욱 중요하다고 말하고 싶다. 물론 앞으로의 활동 방향은 《GOLDEN HOUR》 시리즈를 좀 더 지켜봐야 하겠지만.

Review

201

퀄리티 컨트롤은 가능할까

— 하이브표 사운드에 대한 생각

최근 여러 문제를 앓고 있는 하이브이지만, 하이브 산하에서 나오는 음악들은 하나같이 좋은 반응을 얻고 있다. 그 문제 속에서 대두된 유사성에 관해서는 우선 "아니다"라고 나름의 결론을 내리고 시작하겠다.

지코ZICO의 〈SPOT! (feat. JENNIE)〉을 놓고 보자. 누군가 내게 이 곡이 하이브의 사운드냐고 묻는다면, 적어도 이 곡만큼은 지코이기 때문에 가능한 사운드이고 지코의 색채나 캐릭터가 정말 잘 드러난 곡이라 답할 것이다. 그럼에도 하이브는, 적어도 자신들이 보유하고 있는 여러 레이블의 제작에 관해서는 어느 정도 비슷한 태도를 보이고 있고 그 부분은 크레딧만 봐도 알 수 있다. 그러한 방식을 통해 스토리와 이미지, 곡이 잘 맞아떨어지는 결과를 만들고 있으며 그동안 만들어온 결과를 통해 어느 정도는 가능한 것이 아닐까 이른 판단을 해볼 뿐이다. 그렇다면 여기서 말하는 '비슷한 태도', '그러한 방식'은 무엇일까.

크레딧에 대한 '비슷한 태도'

우선 하이브의 앨범 크레딧을 살펴보면, 작사가와 작곡가가 구분되어 있지 않다. 모두가 한 곡의 창작자라는 점에서 이렇게 표기하는 것이 아닐지 짐작해본다. 여기에 각 곡의 프로듀서를 표기하고, 다른 참여자를 일관된 방식으로 써놓는다. 이 방식에 관해 정확히 논의한 바가 아직 표본이 굉장히 적다는 것이 의아한데, 물론 누가 작사했고 누가 작곡했는지를 표기하는 것이 국제적인 의무 같은 것은 아니다. 하지만 그럼에도, 정확한 표기가 오히려 창작자에 대한 존중이 아닐까 하는 생각에 아쉬움이 드는 것도 사실이다. 당연히 대표 프로듀서로 표기되는 창작자가 가장 큰 역할을 했겠지만, 그럼에도 좀 더 명확한 표기로 서로 간의 프로페셔널한 부분을 존중하고 좀 더 확실한 표기로 많은 이들에게 구분된 정보를 전달하는 것이 어떨까 하는 의견이다.

이 범상치 않은 크레딧 표기 방식을 '비슷한 태도'라고 하며 다짜고짜 두서에 꺼낸 이유는 따로 있다. 거듭 말하지만, 하이브에서 나오는 모든 곡이 이러한 방식을 지니는 건 아니다. 일반화를 좋아하지 않는 입장에서 다수를 전체로 묶어버리는 것은 경계할 만한 일인 만큼 다시 한번 이야기해본다. 그렇지만 현재 레이블에는 어느 정도 메인 프로듀서들이 존재한다. 피독, 슬로우 래빗, 원더키드, 스코어, 메가톤, 범주, 팝타임 등이 여기에 해당한다. 하이브 레이블즈 재팬HYBE LABELS JAPAN에도 메인 프로듀서들이 별도로 있다. 각 산하 레이블마다 대표 프로듀서를 두고 있고, 메인 프로듀서들 외에도 외부의 프로듀서나 작곡가들이 참여하는 방식이다.

그렇게 의도한 것은 아니겠지만, 솔직히 말하면 이따금 다른 작업자들은 부차적인 존재로 느껴지기도 한다. 오히려 하이브로서는 이 많은 작업자를 동일 선상에 표기하며 존중을 표하고자 택한 방식일 수도 있으나, 경우에 따라서는 결국 메인 프로듀서가 전면에 드러나기 때문에 아쉬움을 가질 수도 있다는 것이다.

직접 쓴 의견이지만 반박의 여지는 더 있기도 하다.

해외에서는 작사가, 작곡가 표기를 명확하게 하지 않는 경우들도 있고 이런 표기가 의무사항에 해당하지 않으므로 이렇게 해도 문제가 없다는 것이다. 그러나 작사가가 작곡으로 등록되어 있고, 작곡가가 작사가로 등록된 형태를 보며 이러한 표기의 장점은 무엇일까, 나름의 업무상에서의 노하우를 가리려는 방법일까 하는 생각을 하게 된다. 여기에 굉장히 많은 이들의 참여 또한 '그러한 방식'으로 이야기하고 싶다. 물론 많은 이들이 참여하는 만큼 더 좋은 곡을 만들 수도 있고, 그만큼 표현에 있어서 더 좋은 무언가를 찾을 수도 있다. 제작하는 입장에서는 아쉬울 수도 있다. 열심히 참여했지만 자신의 지분이나 분량이 결국 최대 N분의 일일 테니까. 최대라고 한 이유는 곡안에서 실제로 작업한 파트의 비중이나 곡의 참여도에 따라 지분이 달라지는 경우들도 있기 때문이다. 이것 또한 최선을 다해 작업하는 방식일 수도 있고, 혹은 회사 차원에서 퀄리티 컨트롤을 하는 방식일 수도 있다. 어쩌면 작사나 작곡이나, 수정을 맡기고 맞는 방향에 맞출 때까지 계속 작업을 주고받으며 하는 것보다는 마음에 드는 것을 찾아서 대체하는 것이 더 결과적으로 좋다고 판단한 것이 아닐까. 어딘가 그런 점에서는 아쉽기도 하지만, 그럼에도 그런 방식을 고수하여 좋은 곡을 꾸준히 만들었다고 하면 쉽사리 반박하기 어렵게 된다. 그러면서도 크레딧에 굉장히 적은 수의 음악가가 참여한 경우도 수록곡으로 동등하게 실리는 것을 보면, 하이브는 곡을 받고 추리고 결정하는 등의 과정에서 외부에서 바라보는 것보다 훨씬 더 치열하게 고민하는 것일지도 모른다.

그럼에도 지금처럼 하나의 곡이 만들어지는 것이 아니라 거의 조립에 가까운 형태로 제작되는 과정이 이 씬에 만연한 것을 보면 케이팝이 또 하나의 음악 제작 방식을 견고하게 구축했나 싶기도 하다. 그래도 이렇게 물리적으로 합치고 수정하는 방식으로 제작하는 것이 아닌, 작사가와 작곡가의 의도를 살리는 동시에 다자간의 의도가 고루 녹아들 수 있도록 화학적 결합을 택하는 것이 어떨까 하는 생각도 든다. 물론 이러한 제작 방식은 시간도 많이 들고, 기획사의 리드에서 벗어날 가능성이 있다. 하지만 퀄리티 측면에서는 좀 더 좋은 곡을 기대해 볼 수 있을 것이다. 이 부분은 구체적으로 논의될 필요가 있어, 후술하기로 한다.

여기에 하이브는 한 그룹에 뚜렷한 방향을 담는다. 가볍게, 유연하게 작품을 이어나가지 않고 하나의 명확한 스토리와 그에 맞는 표현을 만든다. 그렇기 때문에 회사 차원에서 작품의 중심과 키를 쥐고 전개하는 것이 맞을 수밖에 없다. 그것이 가능하다고 이미 증명한 곳이 하이브고, 산하의 많은 레이블이다. 사실 그렇게 보았을 때 메인 프로듀서 제도도 하이브가 택한 하나의 방식이며 수많은 선택지 중 하나다. 하이브가 아니어도 메인 프로듀서를 둬 온 그룹은 너무나도 많았다. 블랙핑크의 테디부터 온앤오프의 황현까지, 오히려 그렇게 한 음악가가 중심을 잡았을 때 좋은 작품이 나온다는 것도 부정할 수 없다. 이미 결과가 증명했으니까.

게다가 하이브는 메인 프로듀서 역할을 하는 이들이 한두 명이 아니라는 점에서 더욱 음악적 역량에서 경쟁력이 느껴진다. 여기까지 이야기하면 결국 케이팝에서 퀄리티 컨트롤은 가능하다고 결론을 내리게 된다. 물론 그러한 퀄리티 컨트롤 안에는 제작 파트의 노력만 들어가는 것이 아니며, 그룹의 브랜딩이나 프로모션 방식, 비주얼 등 부차적인 부분까지 모두 포함된다.

결국 누가, 어떻게 퀄리티 컨트롤을 하는가의 문제다. 케이팝은 오너가 대표 프로듀서로서 퀄리티 컨트롤을 하는 경우가 있는데, 추후 어떤 변수가 생길지 모르기 때문이다. 시장 규모가 좀 더 작았을 때, 3대 기획사라 불렸던 곳들을 비롯해 여러 곳에서 뚜렷하고 일관된 색채로 작품을 이어갈 수 있었던 것도 각 회사의 오너가 중심의 역할을 했기 때문이다. 그러나 시대 도, 시장도, 상황도 변화했으니, 지금의 현재 처해있는 상황에서 역할 분할이나 시스템화의 필요성을 이야기한다고 생각한다.

다시 돌아와 살펴보자. 그렇다면 하이브 사운드란 실제로 존재하는가?

최근 앨범을 들어보면 조금씩 포인트를 달리 두고 비슷한 구조를 지니는 양상이 보이기는 한다. 다만 이런 공통점을 무작정 하이브 앨범의 공통점으로 보긴 어렵다. 미니 앨범이든 정규 앨범이든, 앨범의 분위기를 다잡는 가창이 없는 곡*을 배치하는가 하면 인트로와 아웃트로의 배치, 듣기 편안한 곡과 그룹의 정체성을 강하게 드러내는 곡 등 수록곡도 고심해서 제작한다. 하지만 이런 부분은 결국 앨범 단위의 좋은 작품에서 흔히 볼 수 있는 스토리텔링이다. 그나마 조금 다른 것이 있다면, 이따금씩 이야기가 나오는 소셜 미디어에 친화적인 팝 곡들이다. 하이브는 확실히 그러한 수록곡을 전략적으로 담아내기도 한다. 물론 이것도 늘 고수하는 것은 아니다. 이 부분은 자연스럽게

---

*   보통 인터루드Interlude라고 하고는 한다.

과거 후속곡의 역할도 어느 정도 해내고 있는데, 하이브가 만들어가는 하나의 포인트일 수도 있다. 하지만 알다시피 SNS는 광고 등을 통해 어느 정도 효과를 만들 수는 있지만 실질적인 성공은 결국 유저들이 완성하게 되므로 온전히 목표로 한다고 해서 이어지지만은 않는다.

그렇다면 사운드적으로는 공통점이 있을까?

오히려 그렇지 않다는 것을 2024년에 릴리즈된 음악을 들어보면 알 수 있다. 2024년만 해도 아일릿과 투어스, 앤팀과 보이넥스트도어의 음악이 각자 너무나도 다르다. 이는 하이브가 잘하고 있다는 방증이다. 투어스가 조금 더 친근한 느낌이었다면 보이넥스트도어는 〈Earth, Wind & Fire〉를 통해 자신들만의 색채를 굳혀가는 중이다. 여기에 앤팀의 노래 〈伍月雨 (Samidare)〉는 좀 더 서정성에 초점을 둔다. 어쩌면 큰 모기업 내에 여러 레이블을 두고 그룹을 만들어가는 입장에서는 지극히 당연한 이야기다. 경쟁력을 갖추면서 각자의 특색을 달리 가져가는 것이다. 공통으로 등장하는 프로듀서가 있음에도 음악을 구성하는 방식은, 특히 곡의 무드를 만드는 방식은 꽤 다르다. 그나마 하나의 공통점을 찾자면 알앤비 음악이 전체적인 기반으로 있다는 점 정도다.

한로로와 진동욱이 참여해 주목받았던 투모로우바이투게더의 〈물수제비〉처럼, 특정 음악가와 호흡을 맞춰서 만들어가는 곡도 있다. 방탄소년단 또한 그랬고*, 2024년에 공개된 RM 의 앨범에도 정크야드, 김아일, 제이클래프 등이 참여했다. 이 처럼 맞는 음악가와 곡을 만드는 경우도 있다. 훨씬 이전으로 돌아가면, 방탄소년단의 앨범에 9(송재경)와 스텔라장이 참여 하기도 했다. 하이브를 애써 긍정적으로 볼 생각은 전혀 없음 에도, 이들의 일관성 안에는 생각보다 다양성도 함께 있음을 알 수 있다. 이 장면에서 이야기할 수 있는 것은 단순히 독립음 악가를 케이팝 내부로 끌어들이는 것만이 아니다. 이 과정에 서 때로는 케이팝 작곡가들이 지워지기도 하고 대체되기도 한 다. 물론 하이브가 업계의 전부도 아니며, 자신의 음악을 하면 서 케이팝 제작에 참여하는 것은 오히려 개인적으로는 환영하 는 바다. 참여한 음악가는 자신의 이름도 알릴 수 있고, 음악으 로 적지 않은 수익을 얻을 수도 있기 때문이다. 그리고 이것들 은 (아마도) 이들이 활동하는 데 도움이 된다.

케이팝은 워낙 복잡한 이해관계가 얽혀 있는 곳이지만, 알 고 보면 그 단계는 훨씬 더 복잡하고, 갈수록 더 복잡해질 것이 다. 맞다, 틀리다 식의 문제가 아니다. 이 복잡다단한 단계는 하 나의 과정이라 봐야 한다.

---

* 일례로 〈Permission to Dance〉에는 에드 시런이 참여했다. 그 외에도 여러 케이스 가 존재한다.

2023년에 발매되었던 태민의 앨범 《Guilty》에는 싱어송라이터 이오늘이 작사로 참여했다. 그리고 많은 이들에게 알려졌듯이, 뉴진스의 음악에 250이라는 굴지의 프로듀서가 참여해왔다. 이런 것만 봐도 이 부분은 더 이상 특이한 무언가가 아니라, 다층적인 전략의 결합이다. 2024년에 발매된 MCND의 곡 〈고래(Out Louder)〉에도 전자음악가 띠오리아Theoria가 함께했다. 여기에 하이브와 SM엔터테인먼트의 크레딧에서 이따금 찾아볼 수 있는 작사가 크레딧에 등장하는 래퍼들까지 포함하면 케이팝에 참여하는 이들의 범주는 쉽게 규정하기 힘들다. 그렇기 때문에 하이브 사운드는 존재하기 어렵다고 볼 수 있을 것 같다. 단적인 예로 지금 하이브 산하에 있는 일부 예외의 아티스트(이현, 지코 등)를 제외하더라도, 프로미스나인과 방탄소년단처럼 제법 거리가 멀어 보이는 이들이 아니더라도 그룹 간의 음악은 매우 다르다.

그럼에도 우리는 무엇 때문에...

기시감에 대한 이유를 나름대로 추측해보자면, 첫째는 앨범을 만드는 콘텍스트적인 부분, 두 번째는 이미지적으로 구성하는 부분, 그리고 그것이 결합해 실제로 제작되는 어떤 형태가 주는 유사한 느낌 때문이 아닐까 싶다.

우선 첫째에 해당하는 것은 이미 앞서 설명했다. 하이브는 열심히 트랙과 탑라인, 가사를 직조하여 제작하고 그 과정으로 퀄리티 컨트롤이 가능하다는 부분을 증명이라도 하려는 듯 꾸준히 작품을 내는 중이다. 여기에 메인 프로듀서가 존재하고, 그들이 전담하여 앨범 내 곡의 제작을 책임지고 있다. 두 번째는 그렇게 해서 만드므로, 그리고 좋은 프로덕션과 세련된 비주얼을 구현하는 과정에서 케이팝의 한 형태를 만들고 다른 회사가, 다른 그룹이 그러한 이미지나 완성도를 따라가는 모양새가 되었기 때문이다. 역시나 하이브와 산하 레이블들이 실질적으로 시장을 선도하고 있어 더욱 그런 듯하다. 적어도 보이는 부분에서, 들리는 부분에서 일정한 퀄리티를 꾸준히 유지 중이므로 더욱 그렇다. 아마 노선적 차원에서 일부 그룹이 유사한 형태의 길을 가서 그럴 수도 있고, 데뷔 혹은 발매 시기가 비슷해서 그런 이야기가 나온 것일 수도 있겠다.

수록곡의 측면에서는 실제로 투모로우바이투게더와 엔하이픈의 곡 중 한꺼번에 놓고 들었을 때, 큰 차이를 느끼지 못할 때도 있다. 이런 부분은 서로를 위해서라도 개선되어야 할 사항임에는 분명하다. 다행히 시간이 지나면서 두 그룹의 노선은 좀 더 명확해졌고, 디스코그래피를 이어갈수록 차이가 느껴지는 것을 발견할 수 있다. 여기에 일부 프로듀서가 여러 그룹의 곡에 동시다발적으로 참여하면서 생기는 부분도 존재하는 듯하다.

하이브가 위와 같은 방식을 채택한 이후 크레딧 내 등장하는 인원이 증가하는 추세도 보이는 중이다. 2023년도에 발매된 제로베이스원의 데뷔 앨범 《YOUTH IN THE SHADE》을 보자. 여러 곡을 볼 것도 없이, 타이틀곡 〈In Bloom〉의 크레딧에만 작사가만 7팀*이 적혀있다. 이를 과연 섬세하게 회사 차원에서 직조했다고 해야 할지, 혹은 좀 더 섬세하고 유려하며 완성도 높은 가사를 위해 좀 더 긴밀하게 수정 과정을 가져야 하는 건 아닌지에 관해 고민이 드는 시점이다. 앞서도 이야기했던 것처럼, 이에 관해서는 정답이라고 할 것이 없으며 어떤 결과가 더 좋다고 평가받는지, 혹은 더 좋은 반응을 얻는지에 관해서는 더 많은 논의의 시간이 필요하다. 다시 돌아와, 이러한 작업 방식을 다른 레이블에서도 차용하는 과정에서 하이브는 좀 더 시장 안에서 리더의 이미지를 굳히고 있다. 이는 비단 가사만 그런 것이 아니라, 탑라인에서도 마찬가지다. 여러 매체에서 언급된 바 있지만, 결국 지금의 케이팝 음악은 철저하게 조립에 가깝다. 그래서 다 비슷하게 들리는 것일 수도 있다. 다층적인 음악가가 동시에 참여해도, 조립하는 당사자는 회사이고 그 주체가 변하지 않으니까.

그렇다면 이러한 작업 방식이, 그리고 이렇게 만들어진 사

---

* 팀이라고 쓴 이유는 팀인 danke가 포함되어 있어서다.

운드는 새로운 시대의 케이팝 스탠더드가 될 수 있을까? 이 부분만큼은 확신을 가질 수 있다.

"그렇지 않다"고.

나이브하게 들릴 수도 있지만, 실제로 좋은 음악을 만드는 방식은 정해져 있지 않으며 어느 한 가지만으로 명쾌하게 방법을 모을 수도 없다. 만약 그랬다면 송캠프는 지금보다 훨씬 더 유효해야 하고, 지금처럼 많은 고민이 수반되지도 않을 것이다. 어쩌면 케이팝곡 제작에 참여하는 이들도 제한적이었을 수도 있다. 하지만 그렇게 가능성을 열고, 고민해온 것이 지금의 케이팝을 이끌어왔다고 해도 과언이 아니다. 언제 어떤 음악이 등장할지 모르고, 어떤 곡이 사랑받을지 모르는 것이 케이팝이다. 멀리 볼 것도 없이 최근 곡들만 봐도 샘플링부터 하이퍼팝까지 다양한 장르와 작법을 오가는가 하면 국내 가요의 문법을 쓰는 곡부터 강하고 자극적인 곡까지 꽤 많이 다양해졌다. 그게 케이팝의 경쟁력이고 가능성이다. 하이브의 방식이 아니더라도 좋은 케이팝곡은 분명히 나올 수 있다.

지극히 개인적인 의견을 하나 붙이자면, 혁신적인 기획과 결과는 좋은 리드에서 온다고 생각한다. 여기서 리드는 각 작사가, 작곡가에게 좋은 곡을 받기 위해 부탁할 때 함께 나가는 자료이자 요청사항이다. 이 리드 안에는 레퍼런스도, 콘셉트에 관한 설명도 함께 담겨 있다. 나는 리드의 퀄리티나 리드의 발전이 케이팝의 발전을 가져온다고 생각한다. 물론 케이팝을 구성하는 작가를 좀 더 절묘하게 구성한다거나 전혀 예상치 못한 조합의 작곡가들이 만나 하나의 곡을 쓰는 것도 매력적인 방식이다. 하지만 기존에 잘 알려진 작곡가, 작사가들과 함께하더라도 좀 더 좋은 고민이 담겨 있다면, 흥미로운 내용의 리드라면 충분히 많은 이들의 상상력과 노력이 함께 동원되지 않을까.

일종의 시험대, 해답 혹은 결론

질문을 조금 바꿔보자. 그렇다면 하이브 사운드의 받침이자 결과의 중심, 혹은 일종의 포장 역할을 하는 하이브 특유의 세련된 비주얼이나 전반적으로 높은 완성도는 이렇게 계속 유지되거나 견고하게 이어질 수 있을까?

여기에는 당연히 그렇다고, 그래야 한다고 답하고 싶다.

때로는 견고하게, 때로는 유연하게 존재하는 콘셉트나 그걸 조금 더 밀도 있게 담아놓은 세계관, 멤버들의 생애주기와 맞물리는 성장 서사 등 케이팝은 고려하는 것도 많고 거기서할 수 있는 것이 너무나도 많다. 그렇기에 관건은 어떤 장르, 어떤 키워드, 어떤 콘셉트, 나아가 어떤 메시지를 전달할 것인지다. 이 질문에 대한 일종의 시험대는, 해답 혹은 결론은 캣츠아이에게 달려 있다고도 생각한다.

캣츠아이의 성공 여부가 케이팝의 미래를 좌우하거나 그러진 않겠지만, 케이팝의 스펙트럼과 범주는 물론 하이브 사운드의 확장까지 직접 목도해볼 수 있을 것이다. 그런 면에서 이들의 앨범, 비주얼, 활동이 어떤 형태로 공개될 것이며 어떤 반응을 얼마나 얻을 것인지 주목해볼 필요가 있다.

실제로 2024년, 캣츠아이는 북미 음악 시장에서 트렌드를 가져가면서도 케이팝 특유의 감성을 담아내며, 북미팝 걸그룹이 가졌던 미덕과 케이팝의 미덕 모두를 조화롭게 가져가고 있다. 여기에 한국 음악 시장의 세계적인 영향력이나 동시성을 통해 두 가지 정체성을 모두 획득하는 데에 성공하고 있다. 큰 차이 없을 수도 있지만, 그것이 어떤 식으로 읽히는가 또한 관전 포인트다. 여기에 문차일드까지 포함한다면, 그렇게 하이브 사운드는 실체에 가까워질지도 모른다.

이후 많은 기획사들은 그러한 하이브 사운드를 어떻게 받아들이고 이에 대해 어떤 식으로 경쟁력을 갖출까, 혹은 어떻게 차별성을 만들어갈까. 이들에게 하이브 사운드는 하나의 숙제가 될 듯 싶다.

2022-2023 하이브 발매 목록

솔로·그룹명	앨범명	분류	발매일
엔하이픈	DIMENSION : ANSWER	정규	01/10

엔하이픈의 콘셉트에서는 배울 만한 것이 있다. 그것이 확장팩이더라도.

프로미스나인	Midnight Guest	EP	01/17

앨범의 밀도와 완성도로는 2022년 발매작 중에서도 손에 꼽을 수 있을 정도. 더 잘 되었어야 한다고 생각한다.

정국	Stay Alive (Prod. SUGA)	싱글	02/11

착호갑사*와 방탄소년단이라니. 오리지널 스토리 자체도 흥미롭지만 이걸 이렇게 OST로도 풀어낸 방식이 더 흥미롭다.

르세라핌	FEARLESS	EP	05/02

관심과, 사랑과, 애정과 반신반의 속 강렬한 등장. 좋은 첫 단추였는지는 평가가 다르겠지만, 그럼에도 결과적으로는 성공적인 데뷔였다.

프로미스나인	from our Memento Box	EP	06/27

그룹의 성장세를 잘 보여준 앨범. 전작의 퀄리티와 감성을 잘 이어갔다.

제이홉	Jack In The Box	정규	07/15

좀 더 주목받아도 될 것 같은 작품. 제이홉의 욕심, 능력, 진정성을 향한 노력까지 박스 하나에 가득 담겼다.

투모로우바이투게더, 이안 디올iann dior	Valley of Lies (feat. iann dior)	싱글	07/22

이안 디올과의 콜라보도 좋았지만 투모로우바이투게더가 결국 어떤 장르를 향해 가는지 명쾌하게 보여주는 것 같아서 좋았다.

지코	Grown Ass Kid	EP	07/27

지코표 팝 음악이 담긴, 그러면서도 여전히 지코라는 음악가가 건재하다는 걸 보여줬다. 〈새삥 (Prod. ZICO) (Feat. 호미들)〉의 흥행에 가려진 것이 아쉽지만, 웰메이드 작품임엔 분명하다.

.

*　　호랑이와 표범을 잡는 임무를 맡은 갑사. 이를 모티브로 하이브와 네이버웹툰은 방탄소년단을 주인공으로 한 판타지 웹툰 『7FATES: CHAKHO』를 만들었다.

뉴진스	New Jeans	EP	08/01

길게 말할 필요도 없는, 그해 가장 많이 언급된 하나의 현상.

투모로우바이투게더	Free Falling	싱글	09/19

OST라고는 하지만, 길게 봤을 때 투모로우바이투게더의 디스코그래피에서 빼선 안 될 중요한 곡.

방탄소년단	Yet To Come (Hyundai Ver.)	싱글	09/23

글로벌 기업과 협업한, 그래서 영어로 개사한 버전의 곡.

르세라핌	ANTIFRAGILE	EP	10/17

키치한 매력인가, 강한 면모를 보여주는 카리스마인가의 판단은 듣는 이에게 맡긴다. 그럼에도 의도만큼은 어느 정도 전달되기 시작했다고 생각한다.

RM	Indigo	정규	12/02

힙합을 바탕으로 여러 장르를 담은, 화려한 피처링만큼이나 RM의 음악적 스펙트럼과 솔로 음악가로서 작품을 만들어내는 능력을 입증한 명반.

뉴진스	OMG	싱글	01/02

현상을 신드롬으로, 신드롬을 문화로.

허윤진	I ≠ DOLL	싱글	01/09

사이드 프로젝트라고 생각하기에는 생각할 여기를 굉장히 많이 담은, 오히려 르세라핌의 미래가 기대되게 만드는 곡.

투모로우바이투게더	이름의 장: TEMPTATION	EP	01/27

이들의 콘셉트는 변화를 주지만 그럼에도 서사는 견고하고 일정하다.

제이홉, 제이 콜J. Cole	on the street (with J. Cole)	싱글	03/03

누구도 예상하지 못한 조합. 결국 진심은 통하는 법.

허윤진	피어나도록 (love you twice)	싱글	03/14

프로듀서로서의 허윤진이 지닌 가능성을 보여주는 곡.

Agust D	D-DAY	정규	04/21

음악적 욕심이 어디까지 구현될 수 있는가를 보여주는, 열정과 욕심으로 가득 찬 강렬한 앨범.

케이팝 씬의 순간들

| 르세라핌 | UNFORGIVEN | 정규 | 05/01 |

비록 재수록된 곡도 많고 앨범에 관한 평가도 다양하지만, 걸그룹 역사에 남을 앨범이라고 생각한다. 앨범은 그만큼 많은 것을 일목요연하게, 그러면서도 풍성하게 메시지를 담고 있다.

| 보이넥스트도어 | WHO! | EP | 05/30 |

베일을 벗은 KOZ 엔터테인먼트의 지향성, 지코의 보이그룹, 그리고 세련된 결과.

| 방탄소년단 | Take Two | 싱글 | 06/09 |

데뷔 10주년이라는 큰 의미를 지닌 팬송.

| 뉴진스 | Super Shy | 싱글 | 07/07 |

에리카 드 카시에르라는 음악가의 발견.

| 보이넥스트도어 | WHY.. | EP | 09/04 |

한동안 찾아볼 수 없었던 이별 노래부터 자극적이지 않으면서도 솔직한 표현의 향연까지, 차별점을 명확하게 드러낸 작품.

| 뷔 | Layover | EP | 09/08 |

보컬로서의 뷔를, 뷔의 음색에 집중할 수 있는 앨범.

| 투모로우바이투게더, 아니타Anitta | Back for More (More Edition) | EP | 09/18 |

뚝심 있는 그룹은 트렌드를 만나도 이토록 자연스럽게 녹아든다.

| 투모로우바이투게더 | 이름의 장: FREEFALL | 정규 | 10/13 |

록과 전자음악이 적절히 교차하는, 그러면서도 록의 존재감이 크게 드러나는 앨범.

| 르세라핌 | Perfect Night | 싱글 | 10/27 |

편안하게 감상할 수 있는, 그래서 성공할 수 있었던 곡.

| 정국 | GOLDEN | 정규 | 11/03 |

좀 더 높은 가치 평가를 받아야 한다고 생각하는 명작. 국방의 의무가 원망스럽다.

| 뉴진스 | NJWMX | 리믹스 EP | 12/19 |

케이팝 내에서 리믹스 문화가 좀 더 자리 잡고 많이 드러났으면 하는 마음.

퀄리티 컨트롤은 가능할까 – 하이브표 사운드에 대한 생각

EP

DARK BLOOD

엔하이픈
발매일 2023.05.22

엔하이픈은 어쩌면, 아니 정말로 콘셉트라는 것을 케이팝 산업 전체에서 한 단계 위로 끌어올린 사례가 아닐까 싶다. 물론 좋은 콘셉트, 좋은 세계관을 가진 그룹도 많고 반대로 훨씬 더 편안하고 가벼운 형태로 콘셉트를 쓰는 경우도 생겨나고 있다. 케이팝 음악 산업 내에서 하나의 흐름이 절대적인 분위기를 가져가기도 하지만, 유행은 빨리 변화하는 만큼 반대급부의 것도 생겨나니까. 2024년에는 키스오브라이프의 《Sticky》, (여자)아이들의 《I SWAY》로 훨씬 더 가벼우면서도 개성을 살리는 방향도 다시 등장하고 있다. 그런 가운데 2023년 5월 22일에 공개된 엔하이픈의 《DARK BLOOD》는 세계관이라는 것을 어떻게 하면 크게, 효과적으로 펼칠 수 있는지에 관한 일종의 선례다. 음악적으로는 저명한 프로듀서인 서컷Cirkut이 타이틀곡에 참여하는 공을 들였고 이어지는 〈Sacrifice (Eat Me Up)〉, 〈Chaconne〉, 〈Bills〉까지 콘셉트를 잘 받쳐줬다. 여기에 롯데월드를 통해 콘셉트를 풀어낸 점까지 묶어서 보면 더욱 좋을 것 같다. 하이브의 역량이 드러난 순간이었다.

정규

이름의 장: FREEFALL

투모로우바이투게더
발매일 2023.10.13

투모로우바이투게더가 보여준 독특하면서도 자연스러운 성장 서사만큼 눈에 띄는 부분이 있다면 그것이 록이라는 장르의 활용이다. 어쩌면 이런 부분이 레이블이 새롭게 열어낸 지평이 아닐까 싶다. 어쩌면 십 대의 ㅡ 방황하며 성장하는 이들의 ㅡ 모습에 록은 더없이 잘 어울린다. 이를 부정하기는 어려울 것이다. 하지만 록이라는 음악의 시장성이나 지금의 음악 산업에서의 위치나 가치 평가를 생각하면, 과거와는 다른 이유로, 그러니까 활동에 유리하게 적용되지 않기 때문에 이런 스타일을 자신의 것으로 끌어들이고 풀어내기란 쉽지 않다. 그럼에도 투모로우바이투게더에게는 이 장르가 더없이 잘 어울린다. 그러면서도 이들의 커리어 초기에 활용했던 청량한 하우스 스타일을 군데군데 놓지 않고 있어서 흥미롭다. 어쩌면 방탄소년단과 투모로우바이투게더의 디스코그래피를 늘어놓고 천천히 비교해서, 또 병렬해서 보다 보면 하이브의 방향이나 관점, 방식 같은 것들이 눈에 들어올지도 모르겠다. 생애주기에 맞는 성장 서사, 인물의 캐릭터화, 그러면서도 앞서 챕터 내에서 언급한 소셜 미디어 팝이나 전문적 장르의 활용까지 분석의 대상이 될 만한 키워드는 충분히 많다.

EP

Midnight Guest

프로미스나인
발매일 2022.01.17

이우민 작곡가와 꽤 긴 호흡을 다져온 프로미스나인은 앨범 단위로
도 꽤 좋은 작품을 만들어 왔다. 너무 자극적이지 않은, 그렇다고 밋
밋하거나 특징 없는 것이 아닌 세련된, 정제된 팝 음악은 프로미스나
인만의 포인트다. 그래서 개인적으로는 '하이브 사운드'를 논할 때 반드시 언급해야 할 그룹이라고
생각한다. 기업 내에서 발표된 작품이 다양하다는 것을 증명하는 동시에, 그 가운데 하나의 결을 다
지고 있으며 높은 완성도를 유지한다는 점에서 그렇다.

물론 《Midnight Guest》 뒤에도 작품이 나오기는 했지만, 이 앨범은 퀄리티 측면에서 좀 더 주목받
았으면 한다. 개인적으로 이 앨범은 프로미스나인의 디스코그래피에서도 하나의 기점이 되지 않았
나 싶다. 멤버들의 참여도를 조금씩 높여가는 것도 지켜봐야 할 과정이다.

정규

GOLDEN

정국
발매일 2023.11.03

하이브의 DNA 안에는 알앤비가 있다. 방시혁 의장의 작곡 디스코그
래피를 봐도 알겠지만, 회사 초기부터 지금까지 어떤 음악가들이 등
장했나 살펴봐도 알 수 있는 사실이다. 어쩌면 하이브 사운드라는 것
은, 그런 정체성이나 기반에서 탄생해 지금까지 이어져 오는 것이 아닐까. 그리고 이 앨범은 어쩌면
이 장르에 있어서는 해당 회사에서, 혹은 한국 음악 시장에서 하나의 정점을 찍은 작품이라고 생각
한다. 작품성이나 미국의 반응을 고려했을 때 더욱 그렇다. 〈3D〉는 저스틴 팀버레이크와 함께했고,
〈Standing Next to You〉는 어셔와 함께했다. 저스틴 팀버레이크와는 보이그룹의 막내이면서 성공
적으로 솔로로 자리 잡았다는 공통점이 있고, 어셔와는 보컬과 댄스 두 가지 측면에서 모두 탄탄함을
드러낸다는 공통점이 있다. 알앤비 남성 솔로 음악가로서 역사상 가장 위대한 인물은 단연 마이클 잭
슨이고, 그렇게 보컬과 댄스, 퍼포먼스 등 모든 면에서 뛰어난 지표를 선보이는 후계자라는 자리는
생각보다 탄탄하게 그 계보가 이어지지 않았다. 어쩌면 그런 점에서 이를 노리는 음악가의 야심과 회
사의 야심 모두가 반영된, 그래서 잘 나올 수밖에 없는 작품이 아니었나 싶다.

갑작스러운 이야기지만 아이와 함께 레고랜드를 자주 찾는다. 아이는 특히 공연을 좋아하는데, 올가을 시즌 핼러윈 콘셉트의 'V.I.M 댄스 파티Very Important Monster Dance Party'를 무척 즐겼다. 두 얼굴을 가진 호박 치마 언니가 하이파이브를 해주면 아이의 얼굴에 행복감이 치밀어 오르고는 했다. 레고랜드는 음악도 꽤 괜찮은 편인데, 선곡도 비교적 건강한 것들이고 물론 블랙핑크의 〈Pink Venom〉이 육체적으로 '건강'한지 의문을 가질 수는 있겠다. 오리지널 곡들도 퀄리티가 좋다. 가을 공연곡은 뮤지컬 배우 홍나현의 가창으로 폭발적인, 말하자면 케이팝적으로 '뽕이 차는' 곡이었다. 유튜브에서 그 곡의 오피셜 영상을 찾아내 이 책을 함께 쓰는 필자들의 단톡방에 링크를 올려봤다.

그 순간 깨달았다. 나는 '중증'이구나, 하고.

변명의 여지는 있다. 육아하는 사람은 어디서든 자꾸 육아 이야기를 하고 싶어 하고, 이건 변명이 아닌 것도 같다. 그 곡은 정말로 케이팝의 맥락에서 흥미롭게 즐길 만한 부분이 있었다. 독자들에게도 추천한다. 그러나 분명한 점은, 좋은 음악, 흥미로운 음악이 있다면 나누지 않고는 못 배기는 사람들이 있고 내가 그런 사람이라는 것이다.

이 책은 그래서 시작됐다. 어떤 시절이라도 좋은 케이팝은 나오고 있다. 버닝썬 사건을 비롯해 '이제는 정말 케이팝에서 눈을 돌리고 싶다'는 생각에 시달릴 때조차도 늘 그랬다. 이 책이 다루는 시기는 두말할 것도 없다. 그렇기에 케이팝 콘텐츠를 이야기하지 않을 수 없다. 산업을 이야기할 때조차도 그것은 콘텐츠를 더 깊이 이해하기 위해서다. 아무튼 중증이니까. 그런 증상을 공유하는 분들과 이 책을 함께할 수 있어 큰 기쁨이었다. 정상적인 사회인이라면 여기서 그쳐야겠지만, 사실 더 큰 기쁨은 케이팝 콘텐츠 이야기를 하는 데 있다는 것을 부인할 수 없다. 그것마저도 이해하고 공유하는 사람들이다.

이 책이 비슷한 증상을 보이거나 잠재하고 있는 사람들에게 가 닿길 바라고 있다. 이러니저러니 해도, 좋은 케이팝을 접하면 어떤 부분인가를 견딜 수 없는 사람들 말이다. 견딜 수 없음을 알기에 애써 외면하고 있는 사람들이라도 좋다. 언제나처럼 요란하고 혼란스러운 이 씬에서 등장하는 새로운 흐름과 훌륭한 작품들이 그저 트렌드나 시류라는 이름에 떠밀려 가기만 하지 않고, 우리의 마음속에 한 자리를 아주 단단히 차지했으면 한다.

그런 미련스러운 마음을 공유하고 있다는 사실을 당신과 내가 알고 있기에.

지나치게 매력적이고 엄청나게 소란스러운
케이팝 씬의 순간들

초판 1쇄 발행 2024년 12월 13일

지은이 김윤하·미묘·박준우
펴낸이 성의현
펴낸곳 미래의창

책임편집 김다울
디자인 공미향·강혜민

출판 신고 2019년 10월 28일 제2019-000291호
주소 서울시 마포구 잔다리로 62-1 미래의창빌딩(서교동 376-15, 5층)
전화 070-8693-1719 **팩스** 0507-0301-1585
홈페이지 www.miraebook.co.kr
ISBN 979-11-93638-55-2 (03670)

※ 책값은 뒤표지에 표기되어 있습니다.

생각이 글이 되고, 글이 책이 되는 놀라운 경험. 미래의창과 함께라면 가능합니다.
책을 통해 여러분의 생각과 아이디어를 더 많은 사람들과 공유하시기 바랍니다.
투고메일 togo@miraebook.co.kr (홈페이지와 블로그에서 양식을 다운로드하세요)
제휴 및 기타 문의 ask@miraebook.co.kr